以史为鉴，可以知兴替
以人为鉴，可以明得失

中小学国学普及经典读本
林汉达长孙林力平 审订

历史名人故事

春秋战国卷 1

林汉达 著 寒花 绘

辽宁美术出版社

ⓒ 林汉达　2017

图书在版编目（CIP）数据

林汉达历史名人故事．春秋战国卷．1 / 林汉达著；寒花绘．—2版．— 沈阳：辽宁美术出版社，2019.3
ISBN 978-7-5314-7531-6

Ⅰ．①林… Ⅱ．①林… ②寒… Ⅲ．①中国历史－春秋战国时代－少儿读物 Ⅳ．①K209

中国版本图书馆CIP数据核字（2019）第037176号

出 版 者：辽宁美术出版社
地　　址：沈阳市和平区民族北街29号　邮编：110001
发 行 者：辽宁美术出版社
印 刷 者：辽宁新华印务有限公司
开　　本：880mm×1230mm　1/32
印　　张：5.5
字　　数：100千字
出版时间：2017年12月第1版
印刷时间：2019年3月第2版第2次印刷
责任编辑：孙郡阳
装帧设计：山　水
责任校对：郝　刚
ISBN 978-7-5314-7531-6
定　　价：26.00元

邮购部电话：024-83833008
E-mail：lnmscbs@163.com
http：//www.lnmscbs.cn
图书如有印装质量问题请与出版部联系调换
出版部电话：024-23835227

阅读指南

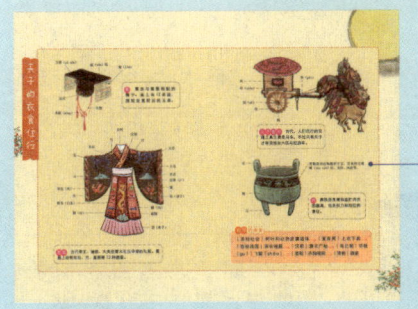

天子生活 想知道天子过什么样的生活吗？他们在吃、穿、用等方面有什么特别之处呢？在这里让你一目了然！

球王退位（打一字）

猜字谜 哇！每篇故事中都隐藏一个文字谜语。想知道答案？去故事里寻找吧！

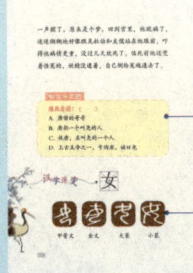

机智历史题 这个故事有趣吗？运用你的智慧，迎接一次挑战吧！

汉字演变 和历史一起诞生的还有灿烂的汉字文化。来这里看看它们"小时候"的样子吧！

谜语答案 当当当！谜语的答案在每个故事的最后揭晓哦，快去考考小伙伴，答案保准让他们大吃一惊。

小小文曲星 这里说的事情，恐怕连爸爸妈妈都不了解，读完大可"炫耀"一番哟！

明（猜谜答案）

历史名片夹 你知道每个故事的主人公是谁吗？在历史中他们还有什么趣事？集齐人物卡，变身历史小神通。

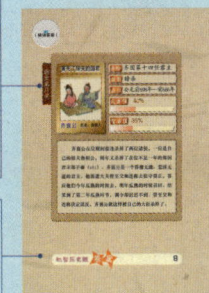

成语诞生 流传千年的成语，大都产生在历史故事中。我们的故事里诞生了哪些成语呢？

历史题答案 看这里！把书倒过来，机智历史题的答案就揭晓了。

天子的衣食住行

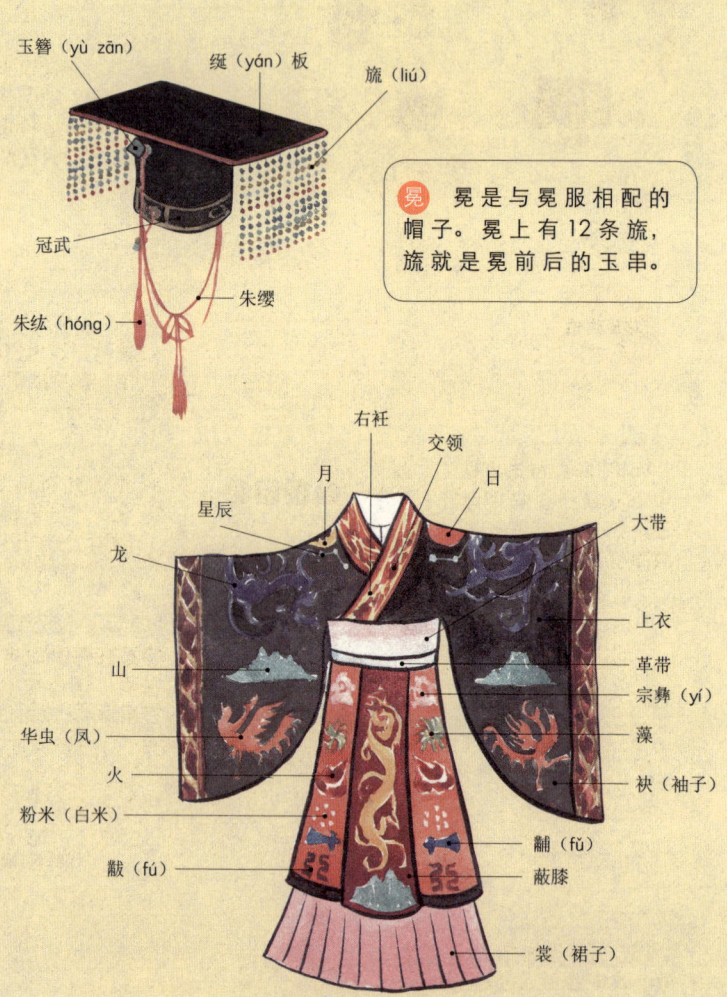

冕 冕是与冕服相配的帽子。冕上有12条旒，旒就是冕前后的玉串。

冕服 古代帝王、诸侯、大夫在重大礼仪中穿的礼服。冕服上绘制有日、月、星辰等12种图案。

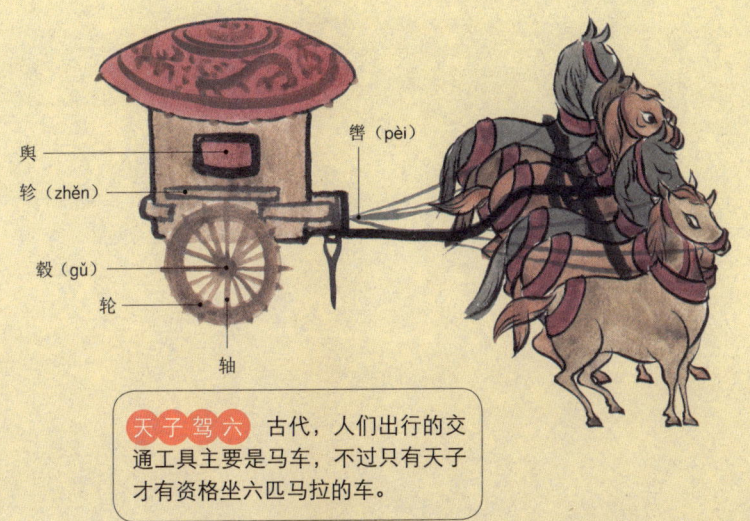

舆
轸（zhěn）
毂（gǔ）
轮
轴
辔（pèi）

🔴 **天子驾六** 古代，人们出行的交通工具主要是马车，不过只有天子才有资格坐六匹马拉的车。

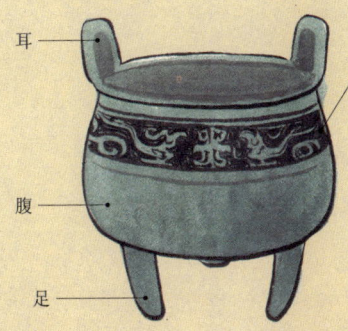

耳

腹

足

青铜器的纹饰题材丰富，常见的有饕餮（tāo tiè）纹、龙纹、凤纹等。

🔴 **鼎** 鼎既是烹煮和盛贮肉类的器具，也是权力和地位的象征。

🟠 **服饰的演变**

（原始社会）树叶和动物皮囊遮体 ➡ （夏商周）上衣下裳 ➡ （春秋战国）深衣袍服 ➡ （汉朝）褒衣广袖 ➡ （南北朝）华袿（guī）飞髾（shāo） ➡ （唐朝）齐胸襦裙 ➡ （清朝）旗装

编者按

　　见到林力平先生时,已是北京的深秋。瑟瑟秋风,初凉乍冷。寒暄须臾,林先生捧上了一杯清茶,茶香氤氲里,我们听林先生聊起了他童年的往事:爷爷林汉达如何在孙子上初小时,教他用拼音来填写一篇篇的历史故事文稿;当他读高小时,又如何循循善诱地启发他们表兄弟二人写作文。在那风云变幻的岁月里,爷爷如何在宁夏乡村,与周有光先生一并躺在摞得高高的谷堆上,富于前瞻性地探讨普及汉语拼音的方法,以及如何尽快地推动汉语通俗化在祖国的发展;老人家在生命的尽头,又如何为刚刚完成的大量译文校稿,画上最后一个句号。

席间，我们都真切地感受到，在那个现代汉语还未普及、识字者尚且不多的年代里，林汉达先生通俗历史故事的字里行间，蕴藏着多少对祖国未来深切的期待。

林汉达先生的《东周列国故事新编》《前后汉故事》《三国故事》《上下五千年》等作品以讲故事的方式呈现严谨的史实，是难得的历史启蒙读物。当我们提出以全新的视角重新编排这些故事的时候，林力平先生给予了极大的支持。我们怀着同样至诚的心愿，希望优秀的历史读本以更多元的面貌，伴随着一代代孩子的成长，开启青少年朋友们了解数千年中国历史的门窗。

书籍的编辑是一项以理性为主导的工作，尤其是面对体量庞大的书稿时，更需严谨客观地对待，然而书籍的策划往往又起源于感性。这份热切的愿望，恰好适用于《林汉达历史名人故事》的整合。这套书的编辑团队，囊括了六〇后到九〇后，每个不同年龄段的人提起林汉达，都有一段长长的童年故事可讲。因为热爱，所以竭尽所能维护原稿之风骨；因为当初是读者，所以心中常有火花，力求留给读者难以忘怀的阅读体验。

为此，我们做了以下工作：

第一，以历史人物为线索，重新编排文本。研究发现，儿童在阅读历史故事的过程中，会不自觉地以人物为核心来理解并记忆内容。本套书以人物在历史上的影响力及其故事的趣味性为基本选择标准，运用了一些蒙太奇的时空叙事方法，将同一个人物在不同时间发生的故事整合重组，力求展现人物一生中最精彩的片段。在个别人物故事中，为解决叙事的连续性，编者添加了概括性的小标题，以方便阅读和理解。

第二，为保证人物故事的完整性，本套书选择林汉达历史故事全本为蓝本。除枝去蔓，将与主题关系较浅的支线故事隐去，突出了主线与行文的精练。由于原稿成书时间较早，编校过程中，对现已不常用的表述方式及口语做出了一些必要的调整。

第三，增添附加值，加强文本互动性。顺应孩子爱玩儿的天性，我们在书中增设了"猜字谜""小小文曲星"等有趣的环节，让学与玩儿实时结合。每个小故事后还设有"机智历史题""汉字演变""历史名片夹"，从不同角度对故事进行解读和补充，拓展思维，寓教于乐。书后附有"阅读竞技场"，通过趣味题目巩固所读内容，在游戏中加深阅读印象。

本套书由林汉达长孙林力平先生审订，从策划到出版历时三年。在此期间，林力平先生反复斟酌，并与业内专家商榷，提出了一些宝贵意见和建议，对本书的顺利出版给予了大力的帮助，在此表示衷心的感谢！

希望我们的努力，能让更多的孩子爱上经典，爱上历史。让文化归属感在童年时代便扎下根脉，脚下是征程，心中留光明。

编　者

目录

害怕妖精的天王　周宣王　001

因为恶作剧丢了命的天王　周幽王　008

保不住地盘的天王　周平王　015

挖个地道见母亲的国君　郑庄公　020

战场上被自己人害死的大将　颍考叔　030

害死了妹夫的国君　齐襄公　037

靠交朋友出名的相国　管仲　043

靠打鼓赢了战争的奇人　曹刿　050

养仙鹤丢了民心的国君　卫懿公　056

家事乱成一锅粥的国君　鲁庄公　063

五张羊皮换来的相国　百里奚　073

晚景凄凉的春秋霸主　齐桓公　085

拿"仁义"当武器的国君　宋襄公　097

六十二岁才当上国君的霸主　晋文公　107

用一张嘴说退了秦军的奇人　烛之武　117

用十二头牛阻止了战争的奇人　弦高　124

被人误会成昏君的霸主　楚庄王　130

到死都让君王惦记的令尹　孙叔敖　141

举贤不避亲仇的武将　祁奚　151

阅读竞技场　155

阅读竞技场参考答案　160

害怕妖精的天王

周宣王四十年那会儿,有个谣言,说周朝的天下将来得灭在一个女妖精手里。周宣王向来算是贤明的,这回听说有妖精要来夺他的天下,可就吓糊涂了。他派了一个叫杜伯的大臣,把有嫌疑的女人都当妖精逮来办了罪。

过了三年,这位天王有一天夜里梦着了妖精,吓得他醒了心还扑腾扑腾地直跳。第二天临朝的时候,他问杜伯:"逮妖精的事儿怎么着啦?"杜伯不乐意乱杀人,也不信真有什么妖精,他早就把那个不讲理的命令扔在一边了。这会儿天王问了他,他就老老实实说:"那几个有嫌疑的女人早就杀了,再搜查个没完没了,不是叫全国老百姓都不安生吗?我就没往下办。"

周宣王听了这话,气得直骂他:"你好大的胆子,敢不服从我的命令!我要你这么不忠心的人干什么?推出去砍了!"大臣们一个个吓得脸都白了,只有一个叫左儒的赶紧挡住武士,对天王说:"不能杀!不能杀!"周宣王板着脸,说:"你有什么要说的?"

左儒磕了一个头,对周宣王说:"唐尧的时候闹过九年水灾,成汤的时候闹过七年旱灾。老百姓呢,照样儿过着太平的日子。唐尧和成汤呢,也都成了顶贤明的君王。咱们天灾都不怕,还怕什么妖精呢?要是天王因为害怕妖精把杜大夫杀了,列国诸侯准得小看咱们。我求求天王还是饶了他吧。"

周宣王哼了一声,说:"杜伯是你的朋友,你给他求情就是把朋友看得比君王还重!"左儒说:"要是君王对,朋友错,我怎么着也得顺着

小小文曲星

唐尧和成汤时发生了什么天灾？

唐尧是上古五帝之一。他治理国家的时候，正赶上黄河泛滥，发了大洪水。唐尧派鲧（gǔn）去治水，治了九年还是挡不住洪水。鲧死后，他的儿子大禹又治理了十三年，才终于让人民免于洪水之灾。

成汤就是商汤，是商王朝的建立者。商朝刚刚建立的时候，就经历了一场七年之久的大旱灾。那时的人们很相信占卜，汤就让人占卜如何才能下雨，结果竟然是要用活人献祭才可以。汤不忍心伤害无辜，决定自己舍身求雨。谁知他刚坐上献祭台，天上就下起了大雨。大家都觉得是汤的爱民之心感动了上苍，求得甘霖。其实，这只是巧合罢了。

君王；要是君王错，朋友对，那我就得顺着朋友了。"周宣王气得大声嚷嚷："你找死吗？敢跟我顶嘴！"左儒可不害怕，他把身子一挺，说："大丈夫不能因为怕死就成心把黑的说成白的，把白的说成黑的。杜大夫没犯死罪，天王要是把他杀了，天下的人就会说您不对；我要是不拦住您，天下的人就会说我不对。"周宣王不理他，非杀

球王退位
（打一字）

杜伯不可。左儒就说："天王干脆把我也一块儿杀了吧！"

左儒这份儿不怕死的劲头倒叫周宣王敬佩。那个杜伯呢，一声不言语，周宣王看他更冒火儿了。他换了个口气，对左儒说："用不着你多嘴。"回头又对武士们说："把杜伯杀了！"左儒叹了一口气，闷闷不乐地回了家，当天晚上就自杀了。

周宣王听说左儒自杀了，心里倒有点儿难受。他想，自己真不应该杀杜伯，一时挂火儿，死了两个大臣，真是太糊涂了。

又过了三年，周宣王跟诸侯们一起去打猎。一天下来，因为太累了，脑袋发涨，胸口也有点儿闷痛，就提前起驾回宫。半道上，他在车里打起盹儿来。

忽然，前面来了一辆小车，上面站着两个人，穿戴着大红的衣帽，拿着大红的弓箭，张弓就要射。周宣王一瞧，这俩人不是杜伯和左儒吗！正惊讶呢，他胸脯上就中了一箭。周宣王"哎呀"

一声醒了,原来是个梦。回到宫里,他就病了,迷迷糊糊地好像瞧见杜伯和左儒站在他跟前,吓得他病情更重,没过几天就死了。临死前他还觉着怪冤的,妖精没逮着,自己倒给冤魂逮去了。

机智历史题

唐尧是谁?(　　)

A. 唐僧的哥哥
B. 唐朝一个叫尧的人
C. 姓唐,名叫尧的一个人
D. 上古五帝之一,号陶唐,谥曰尧

汉字演变　女

甲骨文　金文　大篆　小篆

（猜谜答案）

害怕妖精的天王

周宣王　姓名：姬静

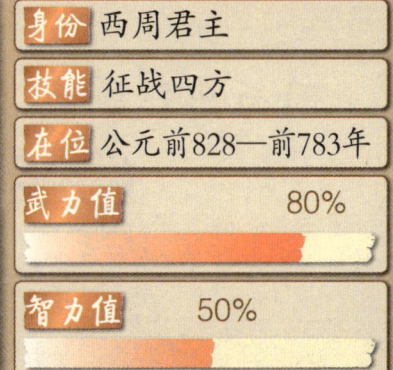

身份　西周君主
技能　征战四方
在位　公元前828—前783年
武力值　　　　　　80%
智力值　　50%

历史名片夹

　　周宣王做太子时，国人因为不满其父周厉王的暴政揭竿而起。人们在王宫中找不到周厉王，就要杀太子静泄愤。召穆公献出自己的儿子，保住了太子静。太子静长大后继任，成了周宣王。周宣王即位后，在政治上任用贤臣，军事上借诸侯之力，讨伐了许多周边国家，重振周王朝声威，史称"宣王中兴"。但他晚年滥杀大臣，征伐无度，最终为西周的灭亡埋下了伏笔。

机智历史题　答案　　　　　　　　D

因为恶作剧丢了命的天王
周幽王

> 这个故事将诞生的成语
> 千金买笑

　　周幽王是西周王朝不太靠谱的一位天王,他光讲究吃、喝、玩、乐,还打发人上各处去找美人儿,国家大事压根儿就没往心里搁。谁奉承他,他就欢喜;谁劝告他,他就头疼。一位叫赵叔带的大夫就是因为劝告他,被革去官职,轰了出去。大臣褒珦(Bāo Xiàng)看不过去了,他凭着一股忠勇劲儿去见天王,说:"天王不怕天灾,不问国事,反倒亲近小人,轰走大臣。您这么下去,咱们的国也要保不住啦。"周幽王挺生气,当时就把他关进了监狱。打这儿起,再也没有人敢劝他了。

　　褒珦在监狱里待了三年,他家里的人一直给

追根寻底
（打一字）

他想法儿。他们想："天王顶喜欢美人儿，我们得在这上头打主意。"他们花了些绢、帛，买了一个顶好看的乡下姑娘，训练了一下，教了她一些歌舞，起了名字，献给周幽王。这就是在中国历史上挺出名的美人儿褒姒（sì）。

褒姒那份儿漂亮，周幽王做梦也没见过，他觉得宫里头的美人儿都加到一块儿也抵不上褒姒的一丁点儿。这位天王高兴得当时就免了褒珦的罪。从这儿起，天王日日夜夜陪着这位天仙，把她看成心肝宝贝儿。

周幽王这么宠着褒姒，褒姒可不喜欢他。她是个苦命的女子，好像物件儿一样被人家买了来摆布的。从她进了王宫，就老皱着眉头，周幽王想尽了法子，她也没笑过一回。天王就出了个赏格："谁能叫娘娘笑一下，就赏他一千金。"

有一个顶能奉承天王的小人，叫虢（guó）石父，挺有点儿小聪明，还真给他想出了一个"好"法子来。他对周幽王说："从前的君王为了防备西戎（róng）侵犯镐（hào）京，就在骊山那一溜儿造了二十多座烽火台。万一敌人打进来，就一连串儿点起烽火来，让临近的诸侯瞧见，好出兵来救。我想请天王跟娘娘上骊山去玩儿几天。到晚上，咱们把烽火点着，叫诸侯们上个大当。娘娘见了这么些兵马一会儿跑过来，一会儿跑过去，没个不笑的。您说我这个法子好不好？"周幽王眯着眼睛，拍着手，说："那还不好？就这么办吧。"

周幽王的叔叔郑伯友得了这个信儿，劝天王别这么做。周幽王可不听，说："我在宫里闷得慌，

烽火是干什么用的？

烽火是古代边境传递军事信息的重要方式。古代的烽火台上会放一些干木柴，当边境有战况的时候，士兵们就点燃烽火，用烽烟来向靠近内城的烽火台传递信息。传递的信号分两种：白天放烟，叫燧；夜里放火，叫烽。这样，不管白天还是夜晚消息都能清楚地传递出去。

难得跟娘娘出来一趟，放放烟火，解解闷儿，这也用得着你管吗？"

他们带着褒姒到了骊山，把烽火一点起来，半夜里满天全是火光。临近的诸侯看见了烽火，赶紧带领着兵马跑到骊山。没想到，到了那儿，一个敌人也没看见，光听见奏乐和唱歌的声音。大伙儿你瞅瞅我，我看看你，都不知道是怎么回事。周幽王叫人去对他们说："辛苦了，各位！没有敌人，你们回去吧！"诸侯们这才知道上了天王的当，一个个气得肚子都快炸了。

褒姒瞧着这许多兵马跑来跑去，压根儿不知道他们闹的是什么玩意儿。她问周幽王："这是怎么回事？"周幽王一五一十地告诉了她，还歪着脖子，带笑地问："好看吗？"褒姒觉得一点儿意思也没有，不由得冷笑了一声，说："呵呵，真好看！亏您想得出！"这位糊涂到家的天王还当褒姒真笑了呢，心里一高兴，就把一千金赏给了那个小人虢石父。

后来，褒姒生了个儿子，叫伯服。周幽王把原来的王后和太子宜臼（jiù）废了，立褒姒为王后，伯服为太子。宜臼的母亲是申侯的女儿，宜臼就逃到他姥爷家申国去了。

申侯知道周幽王肯定得办自己的罪，还会杀害宜臼，就联合了西戎向周室进攻。周幽王叫虢石父赶紧把烽火点起来。那些诸侯上了一回当，这次就当天王还在开玩笑，全都不理他。烽火黑天白日地点着，也没有一个救兵来。镐京的兵马太少了，根本抵挡不住西戎的进攻。周幽王、虢石父还有伯服，全都被西戎杀了，连那个没有真正露过一次笑脸的美人儿，也被他们抢去了。

汉字演变

甲骨文

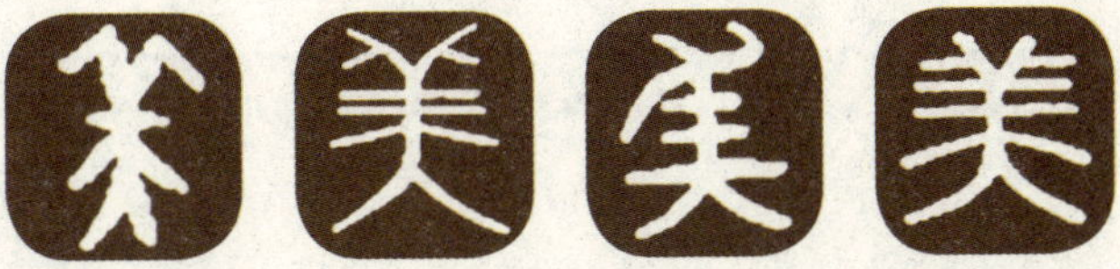

金文

大篆

小篆

过
（猜谜答案）

历史名片夹

因为恶作剧丢了命的天王

周幽王　姓名：姬宫湦

身份	西周君主
技能	放狼烟
在位	公元前718—前771年
武力值	40%
智力值	10%

　　据传，姜后怀胎未满十月生下姬宫湦。当时有人说，若胎儿生下有残缺，则周王朝无忧；若胎儿健康完好，则周王朝将亡。周宣王本想杀掉这个早产的健康孩子，但多年无子，实在没有继承人，只好留下了姬宫湦。等他即位为周幽王后，果然昏庸无道，第二年泾、渭、洛三条河川都发生了震动，人们认为这是亡国征兆。周幽王任用奸臣虢石父，加重对人民的盘剥，不理朝政，荒淫无度，点燃烽火戏弄诸侯，最终导致了西周的灭亡。

保不住地盘的天王
周平王

周幽王的恶作剧让诸侯们寒了心，西戎打来的时候，国都里就只有郑伯友抵挡了一阵子，但是那点儿兵马哪够用啊，到了儿还是丢了命。郑伯友的儿子叫掘突，一听说他父亲被西戎杀了，就穿上孝衣，带着三百辆兵车，从郑国一直赶到镐京去跟西戎拼命。他胆儿大，人又机灵，加上郑国的兵马平素训练得好，一下子就杀了不少敌人。别的诸侯眼看着掘突要打赢，就也带着兵车

两人争球 一人倒钩
（打一字）

上镐京去打敌人。西戎的头目一看诸侯的大兵到了，就叫大伙儿把周朝积攒的宝物全抢了去，放了一把火，乱七八糟地退了兵。

诸侯们赢了西戎，立原来的太子宜臼为天王，就是周平王。事情都解决了，诸侯们纷纷打道回府。周平王觉得掘突挺厉害，就请他留在镐京里办事。

想不到各路诸侯一走，西戎又打了过来。周朝西边的土地一多半儿都被他们占了去，眼看着西戎大军离镐京越来越近。周平王觉得镐京怕是保不住了，再说镐京的房子已经被西戎烧了不少，库房里的财宝也被抢了个一干二净，要盖新宫殿又盖不起。这么着，周平王就打定主意扔了镐京往东搬家，把陪都洛阳当作国都，以

后的周朝就称为"东周"了。

周平王连自己的地盘都保不住,名义上虽然还是各国诸侯的共主,实际上他也就相当于一个中等国家的国君罢了。

机智历史题

周平王为什么要把国都迁到洛阳去?(　　)
A. 因为洛阳风水好
B. 因为镐京被西戎洗劫了
C. 因为他在镐京住腻了
D. 因为洛阳离诸侯们近

汉字演变　都

金文　　大篆　　小篆

（猜谜答案）

保不住地盘的天王

周平王 姓名：姬宜臼

身份	东周第一任君主
技能	搬家
在位	公元前768—前720年
武力值	50%
智力值	30%

历史名片夹

　　姬宜臼做太子的时候，周幽王想让褒姒的儿子取而代之，姬宜臼就跑到了外祖父家——申国。申君一怒之下招来了犬戎，西周因此灭亡。姬宜臼即位以后没有办法，只能把国都搬到了东面的洛阳，东周由此开始。东周占地面积大大缩水，只有一个中等诸侯国的大小，实力已经比不上大一些的诸侯国了。周平王也没有太大作为，周王朝国势日渐衰弱，春秋时期由此开始。值得一提的是，周平王在位期间，因秦襄公护送他东迁有功，将秦襄公列为诸侯，秦国由此建立。

机智历史题 答案　　B

挖个地道见母亲的国君
郑庄公

郑国的君主郑武公有两个儿子，一个叫寤（wù）生，一个叫段。

大儿子寤生出生的时候脚先出来，他的母亲武姜受了不少罪，所以寤生从小就不招母亲待见。小儿子段呢，生得一表人才，武姜顶宠他，老在郑武公跟前夸奖小儿子怎么怎么好，将来最好把君位传给他。郑武公可不糊涂，还是立了大儿子寤生为继承人。

郑武公去世后，寤生即位，就是郑庄公。他母亲姜氏眼见心爱的小儿子段无权无势，就对郑庄公说："你兄弟也大了，还没有自个儿的地方住，

小小文曲星

郑庄公为什么叫"寤生"？

郑庄公的名字寤生与他的出生方式有关系。一种说法是，"寤"字与"牾"相通，是逆的意思，也就是说，郑庄公出生的时候脚先出来，是难产儿。另一种说法，寤生是指睡觉时不知不觉生了个娃娃，把郑庄公的母亲吓了一跳。还有一种说法更离奇了，因为"寤"是醒着的意思，所以认为寤生是指郑庄公一生下来就睁着眼睛，再加上连哭都不哭一声，可不是要吓坏了他的母亲吗？不管是哪种说法，郑庄公的名字都表明他的出生方式使他的母亲不喜欢他。

老跟在我身边，成什么样儿？"郑庄公说："母亲想怎么办？"姜氏说："你把制邑封给他吧。"郑庄公说："制邑是郑国顶要紧的地方，父亲早就说过，这个城谁也不能封。"姜氏说："那么京城也行。"郑庄公不言语。姜氏生了气，说："这座城不许封，那座城不答应，你还是把你兄弟赶出去，让他饿死得了！"郑庄公赶紧赔不是，说："您别生气，我答应总成了吧。"

第二天，郑庄公要把京城封给兄弟段。大夫祭（zhài）足拦住他说："这哪儿行啊？京城是大城，跟都城荥（xíng）阳一样是要紧的地方。太夫人那么宠着太叔段，要是他得了京城，势力更大了，将来必有后患。"郑庄公说："这是母亲的意思，我做儿子的怎么能不依呢？"他没管这些大臣乐不乐意，就把京城封给了段。从此，人们管段叫"京城太叔"。

　　这位京城太叔打算动身的时候，先去向他母亲姜氏辞行。姜氏拉着他的手，摸着他的胳膊肘（zhǒu），轻轻地嘱咐说："你哥哥一点儿不顾亲兄弟的情分，京城是我逼着他封给你的。他答应是答应了，心里准不乐意。你到了京城，得给你娘争口气。顶要紧的是操练兵马，积聚粮草，赶明儿有了实力，你从外头往里打，我在里头帮着你。要是你当了国君，我死了也能闭上眼睛啦。"

　　这位年轻的太叔住在京城倒挺得意，一面招兵买马，一面行军打猎，天天记着他娘的话。他

太阳挂在
树顶上
（打一字）

在京城干的事慢慢地传到郑庄公耳朵里来了，有几个大臣请郑庄公快点儿管一管京城太叔。郑庄公反倒替太叔争理，说："太叔不怕辛苦地练兵，还不是为咱们郑国吗？"大臣们私下里都替郑庄公着急，说他气量太大，这会儿这么由着太叔，将来"虎大伤人"，后悔也就来不及了。

果然，没过多久，太叔段就攻占了临近京城的两个小城。郑庄公听说了，慢慢地点着头，眼珠子来回地转着，好像算计着什么似的，半天不说话。朝廷里的大臣都不服气，说："太叔段操练兵马，又占了两个城，这不是造反吗？主公就该立刻发兵去打！"郑庄公把脸往下一沉，说："我母亲顶喜欢太叔段这个儿子，我宁可少了几个城，也不能不听母亲的话，伤了兄弟的情分。"大将公子吕说："主公这会儿由着太叔，将来太叔闹大了可怎么好？"郑庄公说："到了那会儿，谁对谁错，大伙儿就都看明白了。"

过了几天，郑庄公吩咐大夫祭足管理国事，自己去洛阳给天王办事去了。姜氏得了这个消息,赶紧打发一个心腹上京城去约太叔段发兵来打荥阳。

太叔段接到了姜氏的信,一面写回信定日子,一面就发动兵车,打算动身。哪儿知道郑庄公根本没去洛阳,而是派公子吕布下了天罗地网。公子吕先叫人在半道上埋伏着,拿住了那个给姜氏送信的人,搜出信来,交给郑庄公。接着,他又派了一些士兵打扮成买卖人的模样,混进京城。太叔段的兵马一离开,他们就在城门楼上放起火来。公子吕瞧见信号,立刻带领着大军打进京城去。

太叔出兵不到两天,就听到京城丢了的信儿,连夜赶回来。士兵们这才知道太叔段原来是要他们去打国君,都不干了,乱哄哄地跑了一半儿。太叔段一看军队都没个样子了,眼看着京城也夺不回来,就跑到了共城。郑庄公和公子吕就去攻打共城。共城多小哇,怎么禁得起两路大军的夹攻,一会儿就被打下来了。太叔段叹着气,说:"娘害了我了。"转头自杀了。郑庄公一听说,赶紧跑去瞧，太叔段真死了。他抱着尸首，流着眼泪，大声哭着："兄弟，兄弟，你干吗寻死呀？就是你有什么不是，我还不能原谅你吗？"哭得旁边的人也都擦眼泪擤（xǐng）鼻涕的，还夸奖郑庄公是天底下少有的好哥哥。

郑庄公哭了一会儿，在太叔段身上搜出了姜氏那封信。他伤心透了，把去信和回信都送回荥阳，交给姜氏，还叫人送姜氏上城颍去住，起下了誓，说："不到黄泉，咱俩谁也别见谁。"

过了几天，郑庄公回到荥阳。灭了太叔段，去了他心上一块病，可是再也见不着母亲了，不免又有点儿难受。再说外头总有风言风语，说他轰走亲娘就是不孝。郑庄公想做个大"孝子"，可又发了誓，大丈夫总不能说话不算话，左右为难。

正在这时候，有个小官叫颍（yǐng）考叔，他献给郑庄公一只特别的鸟。郑庄公问他："这是什么鸟？"颍考叔说："这叫夜猫子，白天瞧不见东西，黑夜里什么都瞧得见，真是日夜颠倒，不知好歹的坏东西。小时候母鸟养它，长大了它倒把母亲给吃了，真是个恶鸟，所以我逮来，请主公办它的罪。"郑庄公知道这话里有话，也不出声，由着他说。

到了吃饭的时候，郑庄公叫颍考叔一块儿吃，还夹了一些羊肉给他。颍考叔把顶好的一块儿留着包起来，搁在一边。郑庄公问他为什么不吃，他说："我们家寻常吃不上肉，今天主公赏给我这么好的东西，我想起我母亲还没吃过，自个儿哪儿咽得下去？就想带点儿给她吃去。"郑庄公叹了一口气，说："你真是个孝子。我做了诸侯，还不能像你那么奉养母亲。"颍考叔假装挺纳闷儿地说："太夫人不是好好地享着福吗？"郑庄公又叹了一口气，就把姜氏勾结太叔段来打荥阳，他发誓不到黄泉不再见面的事说了一遍。颍考叔说："主公这会儿惦记着太夫人，太夫人准也惦记着主公！虽说您起过这种誓，可是人不一定死了才能到黄泉。黄泉就是地下，咱们挖个地道，

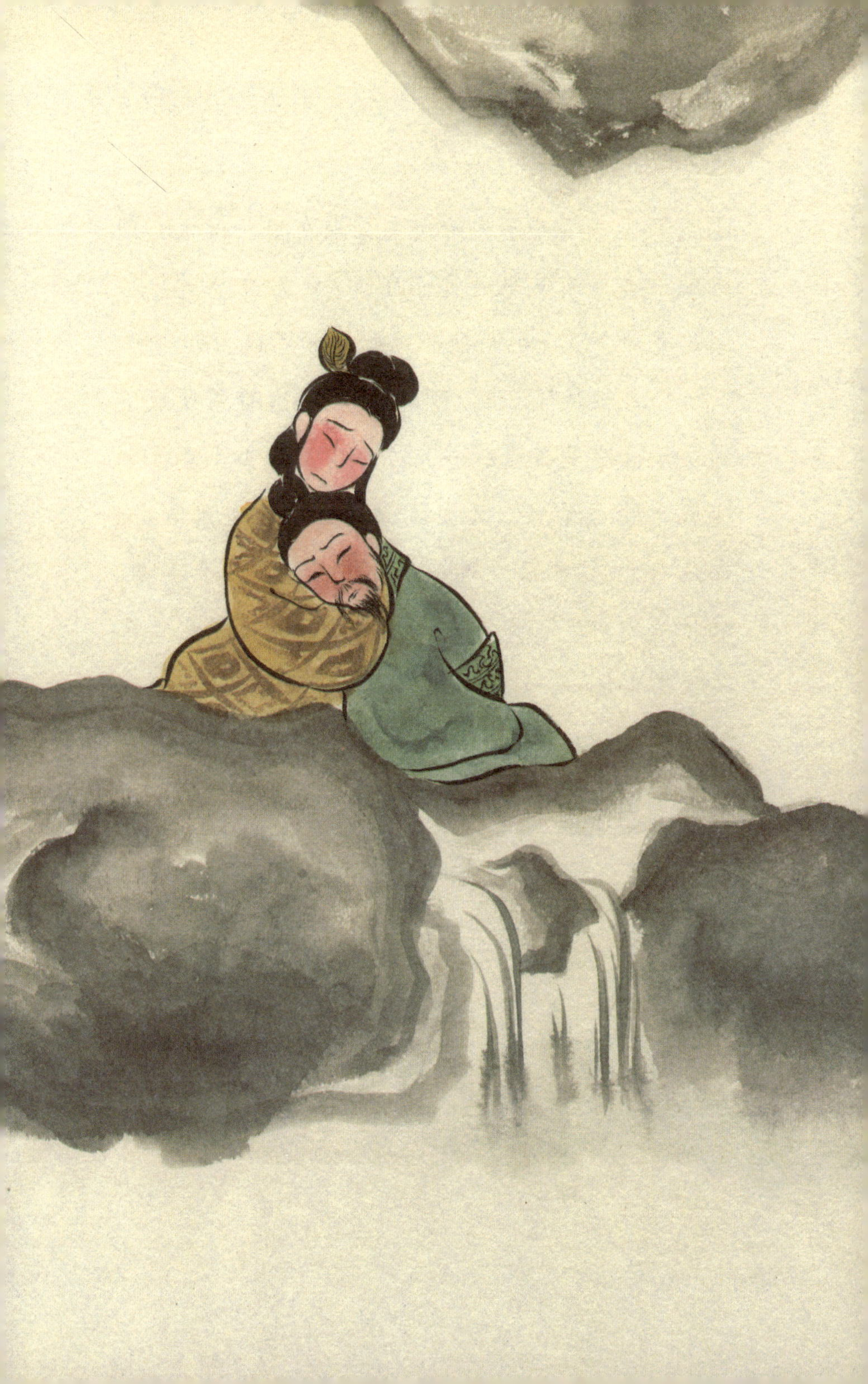

地底下盖一所房子，请太夫人坐在里头，主公到地底下去，不就跟她见面了吗？"郑庄公觉得这倒是个两全其美的好法子，就派颍考叔去办。

颍考叔找了五百个人，连挖地道带盖地底下的房子，不多日子，一齐办好了。他接上姜氏到地底下的房子里，又去请郑庄公从地道里进去。郑庄公见了母亲，跪在地下，说："儿子不孝，求母亲原谅！"跟个孩子似的咧着嘴哭了。姜氏又害臊又伤心，赶紧搀起郑庄公，说："是我不好，哪儿能怪你！"娘儿俩抱着头，哭了一阵。郑庄公亲手扶着他母亲，出了地道，上了车，一块儿转了好几条大街，才慢慢地回到宫里去了。

汉字演变　母

金文　　大篆　　小篆

历史名片夹

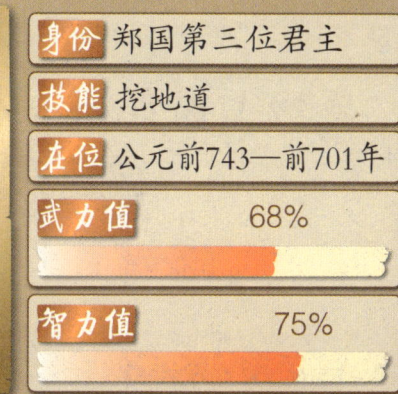

挖个地道见母亲的国君

郑庄公 姓名：姬寤生

- **身份** 郑国第三位君主
- **技能** 挖地道
- **在位** 公元前743—前701年
- **武力值** 68%
- **智力值** 75%

果
（猜谜答案）

郑庄公是一位很有才能的政治家。他同时兼任着郑国的国君和周王朝的卿大夫，对当时的政治演变起到了很大作用。郑庄公礼贤下士，对立功的能臣不吝嘉奖，很喜欢听取大家的意见。郑国被他治理得日渐强大起来。郑国虽不算大国，四面环绕着楚国、晋国等强国，但郑庄公野心不小，他为了谋求发展，联合了齐国和鲁国，围攻强国宋国，并取得了一定胜利。郑庄公去世以后，后继者再没有他的才能，郑国势力渐微。

战场上被自己人害死的大将
颍考叔

> 这个故事将诞生的成语
> 暗箭伤人

公元前712年,许国干了点儿坏事,郑庄公就约上齐国和鲁国一起去打许国,美其名曰:"奉天讨罪"。

约好的开战时间是秋天,这会儿郑庄公就先练练兵。他做了一面很大的旗子,上头绣着"奉天讨罪"四个大字,光是旗杆就有三丈三尺高,更别提多重了。他叫人把那面大旗插在兵车上,当作旗车,然后下了一道命令:"谁能扛起这面大旗,谁就能当先锋,这辆兵车也赏给他。"

这道命令刚一下去,就有一位黑脸膛、重眉毛、满脸胡子的将军上来,说:"我能!"郑庄公一瞧，原来是瑕（xiá）叔盈。他一手就拔起了旗杆，朝前走三步，往后退三步，又把大旗插回车上。将士们见了，大声叫好。

瑕叔盈正要把车拉走，又来了一位红脸大汉，把他一挡，说："单是拿着走三步，不算稀罕。我能把这旗子当长矛耍！"大伙儿一瞧，原来是颍考叔。他拿起旗杆，左抡一下，右抡一下，耍得那面大旗"扑噜扑噜"直响。看的人张着嘴忘了闭上，脑袋都跟着那面大旗晃。

郑庄公高兴了，夸奖他说："真是老虎一样

小小文曲星

春秋时打仗为什么一定要师出有名？

根据周礼，诸侯间相互讨伐是有规矩的。如果诸侯国不能代替周天子管理好自己的国家，就是犯了大罪。这时，爵位高的诸侯国可以代替周天子去讨伐他。在春秋时代，讨伐的目的并不是兼并、侵略，而是让小国认识错误，也是树立大国的权威。在讨伐之前，大国要向周天子请示，有合理的名目后，战争才是合乎礼义的，战胜后才能被其他诸侯国认可。

古时候的月亮
（打一字）

的大将，当得起先锋，车给你吧！"话刚说完，又出来了一位挺漂亮的白脸将军，就是公孙子都。他是贵族，骄横惯了，跟颍考叔向来不和。这会儿大叫着说："你行，我就不行？"颍考叔见他上来得凶猛，赶紧一手拿着旗子，一手拉着车，飞快地跑开了。公孙子都觉着他太不讲理，就拿着一支方天画戟追过去。郑庄公赶紧叫人把他劝回来，他才住了手。

郑庄公一看没得着车的两员大将都气不过，就另外赏了两套车马，一套给公孙子都，一套给瑕叔盈，也没说颍考叔的不是。公孙子都争了面子，也就不说什么了。颍考叔向来心大，隔了一宿，早把抢车的事忘了。大伙儿还跟往常一样地练兵，准备去打许国。

到了七月，郑庄公打头，带着郑国、齐国、鲁国联合的兵马去打许国。大伙儿正围攻许国的时候，颍考叔拿着一面旗子，一下子跳上了城墙，眼瞅着就要立头功。公孙子都一看，妒忌的火直

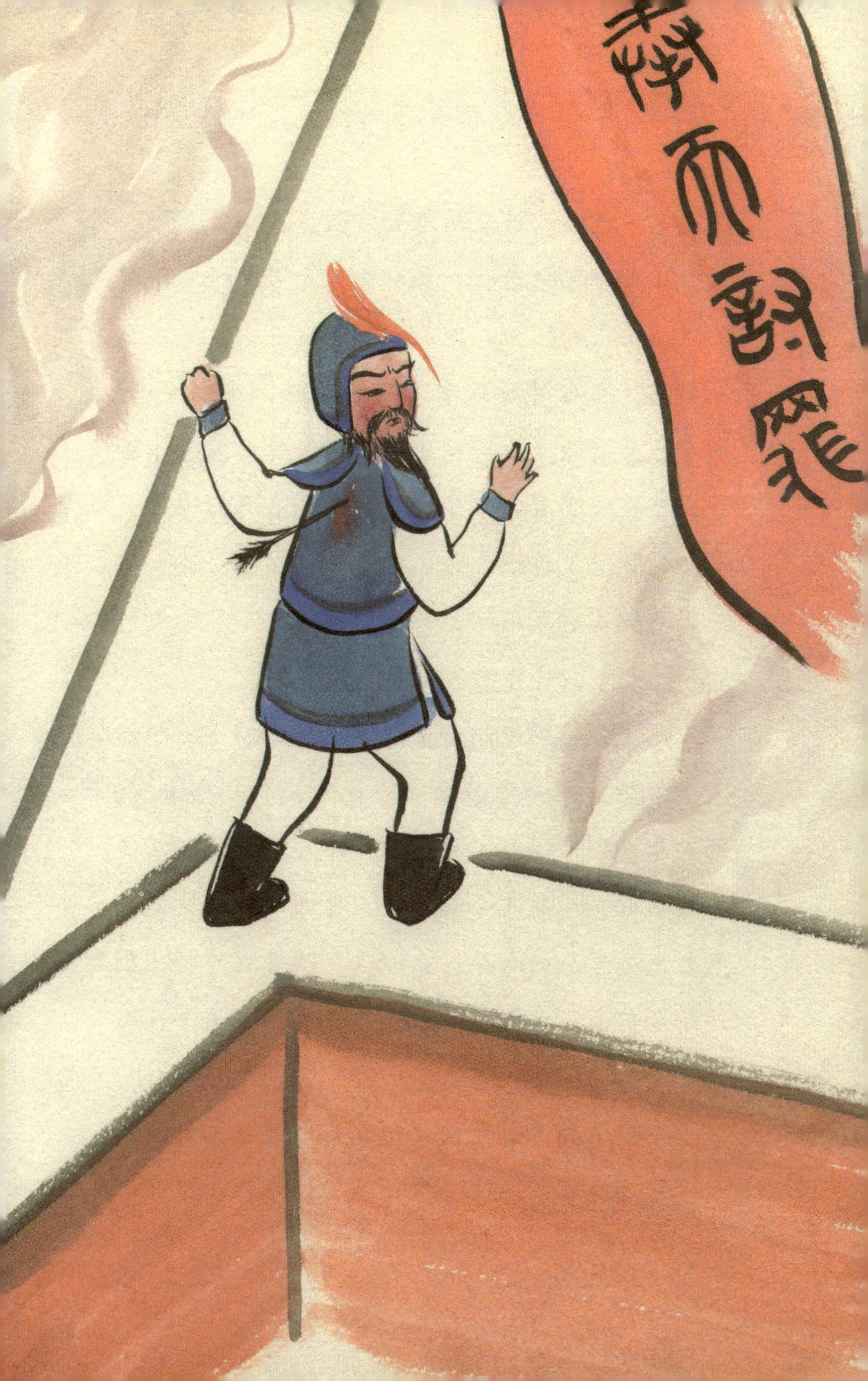

冲出来，就在人堆里对准颍考叔，偷偷地射了一箭，正射中了他后心，颍考叔连人带旗子一个跟头从城头上摔下来。瑕叔盈见了，还当他是给敌人打伤了，气呼呼地拿起那面旗子，跳上城墙，回身摇晃着旗子。那些士兵一瞧见，都鼓足了士气，大声吆喝着占领了城头，三国兵马好像发大水似的拥进了许国。许国就这么着被郑、齐、鲁三国的兵马打下来了，三国诸侯办完了"奉天讨罪"的大事，就各回各的国了。

郑庄公回到荥阳，赏赐有功劳的将士，想起老虎似的将军颍考叔来了。他听说了一个流言，颍考叔是给本国人射死的，要不，那支箭怎么能从后面来呢？郑庄公起了疑，他叫人故意咒骂那个射死颍考叔的人。这么一来，兵营里的将士们就猜疑起来了，大伙儿怀疑这个，怀疑那个，心里都别别扭扭的。

公孙子都听着大伙儿诅咒那个暗杀颍考叔的人，骂他躲躲闪闪，不敢出头，是个胆小鬼。时间一长，他可受不了了，一合上眼，就瞧见颍考叔向他瞪眼睛，骂他卑鄙无耻；一睁开眼睛，四周围的人好像都变成了颍考叔，都向他瞪眼睛。公孙子都害怕了，就像什么时候都有人在算计他似的。他跑到郑庄公跟前说了实话："颍考叔是我射死的！"说着就自杀了。郑庄公赶紧叫人救他，已经来不及了。

郑庄公为了打许国，就这么着阴差阳错地死了两个"老虎"将军。

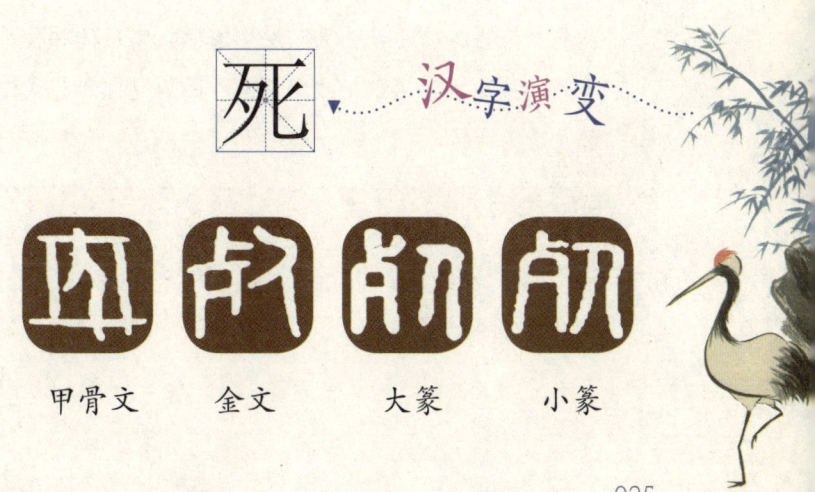

死 汉字演变

| 甲骨文 | 金文 | 大篆 | 小篆 |

胡
（猜谜答案）

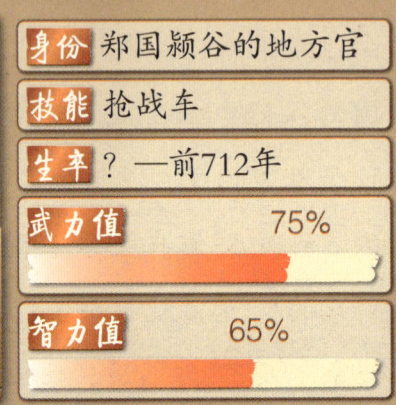

历史名片夹

战场上被自己人害死的大将

姓名：颍考叔

身份	郑国颍谷的地方官
技能	抢战车
生卒	？—前712年
武力值	75%
智力值	65%

颍考叔十分纯孝，还引导郑庄公孝顺母亲，被人们称为"孝友"。他在颍谷做地方官，勤政爱民，受到了百姓的爱戴。颍考叔在颍水边造了一座宅院，每年春天都自己去耕种。现在，他耕种的地方成了河南登封的一个景点，叫作"颍水春耕"。颍考叔之死非常有戏剧性，"暗箭伤人"这个成语就来自他和公孙子都的故事。后来这个故事还被改编为昆曲等艺术作品，广为流传。

害死了妹夫的国君
齐襄公

齐僖公有一个闺女叫文姜，不光长得好看，还博古通今，挺有才气。文姜有个哥哥，叫诸儿，也是个美男子。他俩虽然不是一个妈养的，但是感情很好。

公元前709年，齐僖公把文姜许给了鲁桓公，订的是九月里娶亲。

日子一天天过去，文姜出门子的日子到了。诸儿对他父亲说："妹妹嫁人，咱们一定得有亲人送才好。父亲事儿多，抽不开身，还是我替您去吧。"齐僖公说："我答应人家亲自去送了，你还是好好儿在家吧。"诸儿没有什么说的，只好

小小文曲星

> **文姜与"齐大非偶"有什么关系?**
>
> 　　春秋时期,齐国是大国,齐僖公有两个貌美如花的女儿,其中一个就是文姜。齐僖公觉得郑国的太子忽是个好青年,就想着把文姜嫁给郑太子忽。太子忽说:"每个人都有适合自己的配偶,齐国是大国,我高攀不起。""齐大非偶"这个成语就从这里而来,后人用这个成语来婉拒门第悬殊的婚配。

垂头丧气地退出去。文姜临走,诸儿挨到车马旁边,两个人说了几句话,就分了手。

　　诸儿和文姜一直盼着见面,等了十五个年头,鲁桓公才带着文姜到齐国来。当初的诸儿就是现在的齐襄公,他挺殷勤地招待了妹妹。当天晚上齐襄公安排下了一间屋子,文姜就在那儿歇了。

　　早上太阳晒了老半天,鲁桓公还没见文姜回来,自然就犯了疑心。他叫人去打听,才知道兄妹俩原来是在一块儿,气得他脸发青,心火儿直往上撞。正气着哪,文姜回来了,鲁桓公气冲冲地问她:"昨天晚上你为什么不回来?"文姜说:

"跟宫女们多喝了几盅,醉了,就没回来。"鲁桓公又逼问一句:"你睡在哪儿?"文姜心里一急,眉毛一挑,说:"怎么着?宫里连个过夜的地方都没有?"鲁桓公不再说话,只是连连冷笑。文姜看着这情形,知道再说也没有用了,就开始无理取闹,哭哭啼啼。鲁桓公身在齐国,不好说什么,只好忍气吞声地打发人去向齐襄公辞行。

太阳西边下·月儿东边挂
（打一字）

齐襄公惦记文姜，就派个心腹去打听。那个人回来把两口子拌嘴的事这么一说，凑巧鲁桓公派来告辞的人也到了。齐襄公一想："糟了！"他就一个劲儿请妹夫多留一天，约他上牛山逛逛去。

齐襄公在牛山大摆酒席，大臣们一个一个地向鲁桓公敬酒。鲁桓公一肚子的气正没有地方出，就喝开了。喝得差不多了，齐襄公叫公子彭生扶着他上车，送他回公馆，嘱咐他"留神抱着"鲁桓公。公子彭生是个大力士，两根胳膊就跟铁棍似的。他在车里抱着醉了的鲁桓公，到了半路上，一使劲儿，就把鲁桓公的肋条全弄折了。

他对大伙儿说："哎呀！姑爷中了酒疯了！"大伙儿心里明白，分头去告诉齐襄公和文姜。文姜又哭又闹，简直要死在齐国。齐襄公赶紧把鲁桓公落了棺材，然后通知鲁国派人来接灵。

鲁国的大臣们得了这个信儿，一个个气得要命，想跟齐国打仗。谋士施伯说："咱们是弱国，齐国是强国，打起来也不一定赢得了。还不如先忍一忍，只要齐国办了公子彭生，也就算了。"

齐襄公知道自己理亏，就拿"伺候不周"的罪名办了公子彭生，两国还跟从前一样，天大的事就这么马马虎虎地了啦。单苦了公子彭生，他不光白当了差，还赔上一条命。

机智历史题

鲁桓公是怎么死的？（　　）

A. 气死的

B. 被公子彭生勒死的

C. 中了酒疯

D. 出了车祸

汉字演变

夫

| 甲骨文 | 金文 | 大篆 | 小篆 |

明
（猜谜答案）

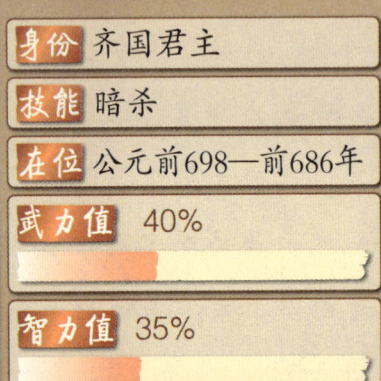

历史名片夹

害死了妹夫的国君

齐襄公　姓名：吕诸儿

- **身份**：齐国君主
- **技能**：暗杀
- **在位**：公元前698—前686年
- **武力值**：40%
- **智力值**：35%

　　齐襄公在位期间接连杀掉了两位诸侯，一位是自己的妹夫鲁桓公，同年又杀掉了在位不足一年的郑国君主郑子亹（wěi）。齐襄公是一个昏庸无能、荒淫无道的君主。他派遣大夫管至父和连称去驻守葵丘，答应他们今年瓜熟的时候去，明年瓜熟的时候召回。结果到了第二年瓜熟时节，调令却迟迟不到。管至父和连称决定谋反，齐襄公就这样被自己的大臣杀掉了。

机智历史题 答案 B

靠交朋友出名的相国
管仲

（这个故事将诞生的成语：管鲍之交 管鲍分金）

管仲是春秋时期数一数二的人才。他有个好朋友叫鲍叔牙，俩人一块儿做过买卖，打过仗。

买卖是合伙的，鲍叔牙的本钱多，管仲的本钱少。赚了钱呢，本钱少的倒多拿一份儿。鲍叔牙的手下人不服，都说管仲"揩油"。鲍叔牙偏护着他，说："没有的事儿，他家里困难，比我缺钱，我乐意多分点儿给他。"朋友之间这么分配金钱，在我国有句成语叫"管鲍分金"，就是打这儿来的。

说起打仗更得把人笑坏了。一出兵，管仲老躲在后头；退兵呢，他就跑在前头。人家瞧见都笑，说他贪生怕死。鲍叔牙又给他争理儿，说："他是贪生怕死的人吗？照实说吧，他母亲老了，又多病，他不能不留着自个儿的命去养活她。"管仲听见了这些话，就说："唉！生我的是父母；了解我的呢，只有鲍叔牙！"

齐襄公荒淫暴虐，他的两个兄弟，一个叫公子纠，一个叫公子小白，俩人怕遭祸害，都跑了。那个时候，管仲正当着公子纠的师傅，鲍叔牙是公子小白的师傅。

不久，齐襄公死了，齐国的使臣去鲁国接公子纠回去即位。鲁庄公亲自出兵，叫曹沫当大将，护送公子纠和管仲回齐国去。管仲禀告鲁庄公，

中国历史上有名的八拜之交是什么？

八拜之交分别指管仲与鲍叔牙的管鲍之交，俞伯牙和钟子期的知音之交，廉颇和蔺相如的刎颈之交，角哀和伯桃的舍命之交，陈重和雷义的胶漆之交，元伯和巨卿的鸡黍之交，孔融和祢衡的忘年之交，刘备、张飞和关羽的生死之交。

> 只差点点
> （打一字）

说："公子小白在莒国，离得近，万一他先回去就麻烦了。请让我先带领一队人马去截住他吧。"鲁庄公依了他。

管仲带着几十辆兵车一气儿往前跑，还真堵着了公子小白和鲍叔牙。管仲瞧见公子小白坐在车里，就跑过去，说："公子上哪儿去呀？"小白说："回国办丧事去。"管仲说："有您哥哥，您就别去了，省得叫人家说闲话。"鲍叔牙虽说是管仲的好朋友，可是他也得护着自己的主人呀，就睁大了眼睛，说："管仲，各人有各人的事，你管得着吗？"旁边的士兵们挺横地吆喝着，好像随时要动手似的，管仲不敢多说，跟斗败的公鸡似的退下来，可是总得想个法子不叫小白回去才好哇。他偷偷地拿起弓箭，对准公子小白，"嗖"地一箭射过去。公子小白大叫一声，口吐鲜血，倒在车里，眼看活不成了。鲍叔牙赶紧去救，也来不及了。大伙儿一见公子给人害了，全哭了起来。管仲赶紧带着人马逃跑，想着公子小白已经死了,公子纠的君位可算稳了。

谁知道管仲射中的是公子小白的带钩。公子小白吓了一大跳,又怕再来一箭,就故意大叫一声,咬破舌尖,摔在车里。鲍叔牙一见公子小白没事,赶紧叫人抄小道使劲儿跑。公子纠还在道上,他们早到了临淄。

鲍叔牙跟大臣们争论着要立公子小白。有的说:"已经派人上鲁国接公子纠去了,怎么可以

立别人呢?"有的说:"公子纠大,照理应该立他。"鲍叔牙说:"齐国连着闹了两回内乱,这会儿非立一位有能耐的公子不可。再说,要是让鲁国立公子纠,他们准得要谢礼。从前宋国帮郑国立了公子突,年年向他们要谢礼,弄得人家国库都空了。咱们难道学郑国的样儿吗?"他们听了这话,觉得也有道理,就立公子小白为国君,就是齐桓公。又打发人去对鲁国说,齐国已经有了国君,请他们别送公子纠来了。

鲁庄公可生气了,就跟齐国打起来了,没想到打了个败仗。鲁庄公正在气头上,齐国又打上来了,要鲁国杀了公子纠,交出管仲,要不就不退兵。齐国多强啊,鲁国没有法子,都依了。谋士施伯说:"管仲本事大,别放他回去。咱们要不留下他自己用,要不就杀了他。"齐国的使者央告说:"他射过国君,国君非得把他亲手杀了才能解恨。"鲁庄公就把公子纠的脑袋和活着的管仲交出去。管仲在囚车里想:"让我活着回去,准是鲍叔牙的主意。万一鲁庄公后悔,叫人追上来怎么办?"他就在路上编了个歌,教押送的人唱。他们一边唱,一边赶路,越走越带劲儿,两天的道儿一天半就走完了。等到鲁庄公真后悔了,再叫人追上去,他们早出了鲁国地界了。

管仲到了齐国,好朋友鲍叔牙把他介绍给齐桓公。齐桓公说:"他拿箭射过我,要我的命,你还叫我用他吗?"鲍叔牙说:"那会儿他帮着公子纠,这么做是忠心!论本领,他比我强得多。主公要是能用他,他准能给您干出大事来。"齐桓公就依了他的话,拜管仲为相国。

汉字演变　友

| 甲骨文 | 金文 | 大篆 | 小篆 |

（猜谜答案）

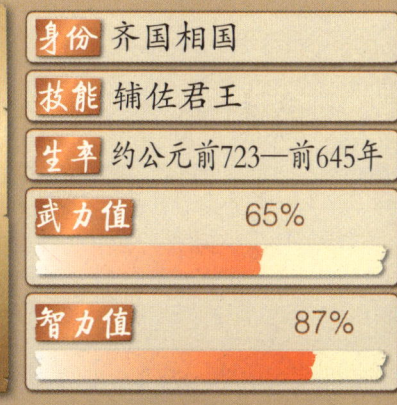

靠交朋友出名的相国

管 仲　姓名：管夷吾

身份	齐国相国
技能	辅佐君王
生卒	约公元前723—前645年
武力值	65%
智力值	87%

历史名片夹

　　齐国公子小白即位为齐桓公后，以非常隆重的礼节迎接管仲，两人聊了三天三夜，管仲被封为相国，齐桓公尊称他为"相父"。虽然齐国是强国，但管仲并不同意大举攻打其他诸侯国，他认为应该先把自己的国家治理得非常好，再想扩充国土的事情。在管仲的帮助下，齐国的政治、经济都飞速发展，实现了雄图霸业，齐桓公也成了"春秋五霸"之首。孔子对管仲的评价很高，认为如果没有管仲助齐桓公一匡天下的话，大家还都是披散着头发，敞开着衣衫的野蛮人呢。管仲被后人称为"华夏第一相"。

靠打鼓赢了战争的奇人
曹刿

> 这个故事将诞生的成语
> 一鼓作气

齐桓公即位的时候,把鲁庄公惹急了。鲁庄公开始练兵,造兵器,打算报仇。齐桓公听说了,想先下手为强。他刚即位,正想出出风头,叫大臣们服他呢,就叫鲍叔牙当大将带领大军,一直打到鲁国的长勺去。

鲁庄公气了个半死,打算跟齐国拼命。大夫施伯说:"我推荐一个人,叫曹刿(guì),挺有能耐,准能对付齐国。"鲁庄公就叫施伯快去请来。

施伯见了曹刿,把本国被人欺负的事说了,又拿话激他,想叫他出来给本国出点儿力气。曹刿笑着说:"怎么?你们做大官吃大肉的办大事,还要跟我们吃苦菜的小百姓商量吗?"施伯赶紧赔着笑脸一个劲儿地央求,曹刿这才跟着他去见鲁庄公。鲁庄公问他有什么办法打退齐国人,他说:"那可不好说。打仗是个活事儿,要随机应变,没有什么死法子。"鲁庄公相信他有本事,就同他一起带着大军上长勺去了。

到了长勺,摆下阵势,两国军队中间隔着一大片平地,全都蓄势待发。鲍叔牙上回打赢了,知道对面不能先动手,就下令打过去。鲁庄公一听见对面的鼓声响得跟打雷似的,就叫这边也打鼓。曹刿拦住他,说:"等等,他们打赢了一回,

小小文曲星

为什么长勺之战在历史上很有名?

公元前684年,齐国和鲁国在长勺交战。鲁国的军力只有齐国的十分之一,但最后赢得了战争的胜利,是历史上少见且典型的以弱胜强的战役。面对强大的敌人,鲁国军队采取的是后发制人、敌疲我打的防御战略,对后世很有借鉴意义。

这会儿正在兴头上。咱们出去，正合了他们的心意，不如在这儿等着，别跟他们打。"鲁庄公就下令，不许嚷，不许打，光叫弓箭手守住阵地。

齐国人随着鼓声冲过来，可没碰上对手。瞧瞧对面的队伍呢，简直像铁一般的硬，没法儿打进去，就退回来了。待了一会儿，又打鼓冲锋。对手呢，好像在地下扎了根儿似的动也不动，一个人也不出来。齐国人白忙了半天，使不出劲儿去，真没意思。

小狗身上
长满了嘴
（打一字）

鲍叔牙可不灰心，他说："他们不敢打，也许是等着救兵呢。咱们再冲一回，不管他们出来不出来，一直冲过去，准能赢了。"这就打起了第三通鼓。那伙子士兵都腻烦死了，明知道鲁国人只守不战，干吗还出去呢？可是命令不能不依呀，就又冲出去了。谁知道对面忽然"咚咚咚"鼓声震天响，鲁国的将士"哗"一下子都冲了出来，就跟雹子打荷叶似的打得齐国兵马全垮了。

鲁庄公要追，曹刿说："慢着，让我瞧瞧再说。"他站在兵车上，手搭凉棚往前瞧，又下来看看敌人的车印和脚印，才跳上车去，说："追上去吧！"就这么追了三十多里，得着了好些敌人的兵器和车马。

鲁庄公赢了，回头问曹刿："头两回他们打鼓，你为什么不许咱们打鼓呢？"曹刿说："打仗全凭一股子劲儿，打鼓就是叫人起劲儿。头一回的鼓顶有力，第二回就差了，第三回就是响得再怎么厉害，也没有劲儿了。趁着他们没有劲儿的时候，咱们'一鼓作气'打过去，怎能不赢呢？"鲁庄公直点头,可还不明白人家跑了为什么不赶紧追上去。曹刿说:"敌人逃跑也许是假的,说不定前面有埋伏,非得瞧见他们旗子也倒了,车也乱了,兵也散了,才能够大胆地追上去。"鲁庄公佩服地说:"你真是个精通兵事的将军。"

机智历史题

打第几遍鼓时军队的气势最强?(　　)

A. 第一遍鼓
B. 第二遍鼓
C. 第三遍鼓
D. 气势强弱跟打鼓没有关系

汉字演变　战

| 金文 | 大篆 | 小篆 |

（猜谜答案）

历史名片夹

靠打鼓赢了战争的奇人

姓名：曹刿

身份	鲁国大夫
技能	以少胜多
生卒	?
武力值	45%
智力值	80%

　　曹刿是著名的军事理论家，他在长勺之战上的卓越表现是史书上的精彩一笔。曹刿的祖先是周文王之子曹叔振铎，所以他和曹国的君主属于同宗。据记载，曹刿早先在鲁国附近的山上隐居。齐国大军来势汹汹，鲁国到了生死存亡之际，鲁庄公不拘一格，广征人才，这才给了一介布衣的曹刿走上历史舞台的机会。

机智历史题 答案　　A

养仙鹤丢了民心的国君
卫懿公

卫国的国君卫懿（yì）公有个特别的爱好，喜欢玩儿仙鹤，国家大事倒不爱管。他把养仙鹤的人都封为大官，那些原来的大官有的就被挤没了职位。为了养仙鹤，他老向老百姓要粮。老百姓冻死饿死，他可不管。他兄弟公子毁一想，这么下去卫国非亡不可，就投奔了齐桓公，住在齐国。卫国老百姓向来痛恨上一个国君卫惠公，哪儿知道昏君的儿子又是个昏君，他们大伙儿就把希望搁在公子毁的身上。这回公子毁也跑了，老百姓就更恨透了卫懿公。

有一天，卫懿公带着几车仙鹤出去玩儿。那

时候的车是依照地位的高低分等级的,荒唐的卫懿公给仙鹤坐的是只有大夫才能坐的篷儿车。卫懿公一出去,就有不少"鹤将军"前呼后拥地"保着驾",他觉着这样可真神气。

那一天,他正玩儿得得意扬扬的时候,忽然来了个急报,说北狄打进来了,这可太扫兴了。他一边忙着回宫,一边叫人去守城。万没想到老百姓全忙着逃难,士兵们不拿兵器,不穿铠甲,根本没人听他指挥。卫懿公问他们怎么不去打北狄呢,他们说:"打北狄也用不着我们。您还是叫'将军'去吧!"卫懿公说:"哪个将军?"大伙儿冷笑了一声,说:"当然是鹤将军喽,那还用问吗?!"

春秋的时候大夫坐什么车?

春秋时乘车有严格的等级制度,不同身份的人乘坐的车是不同的。王、侯、卿、大夫、士、庶人乘坐的车从材料到规格一级差于一级。大夫坐的车为墨车,通体用黑漆刷成,没有装饰用的花纹,一般配有三辆副车,车由三匹马来拉。

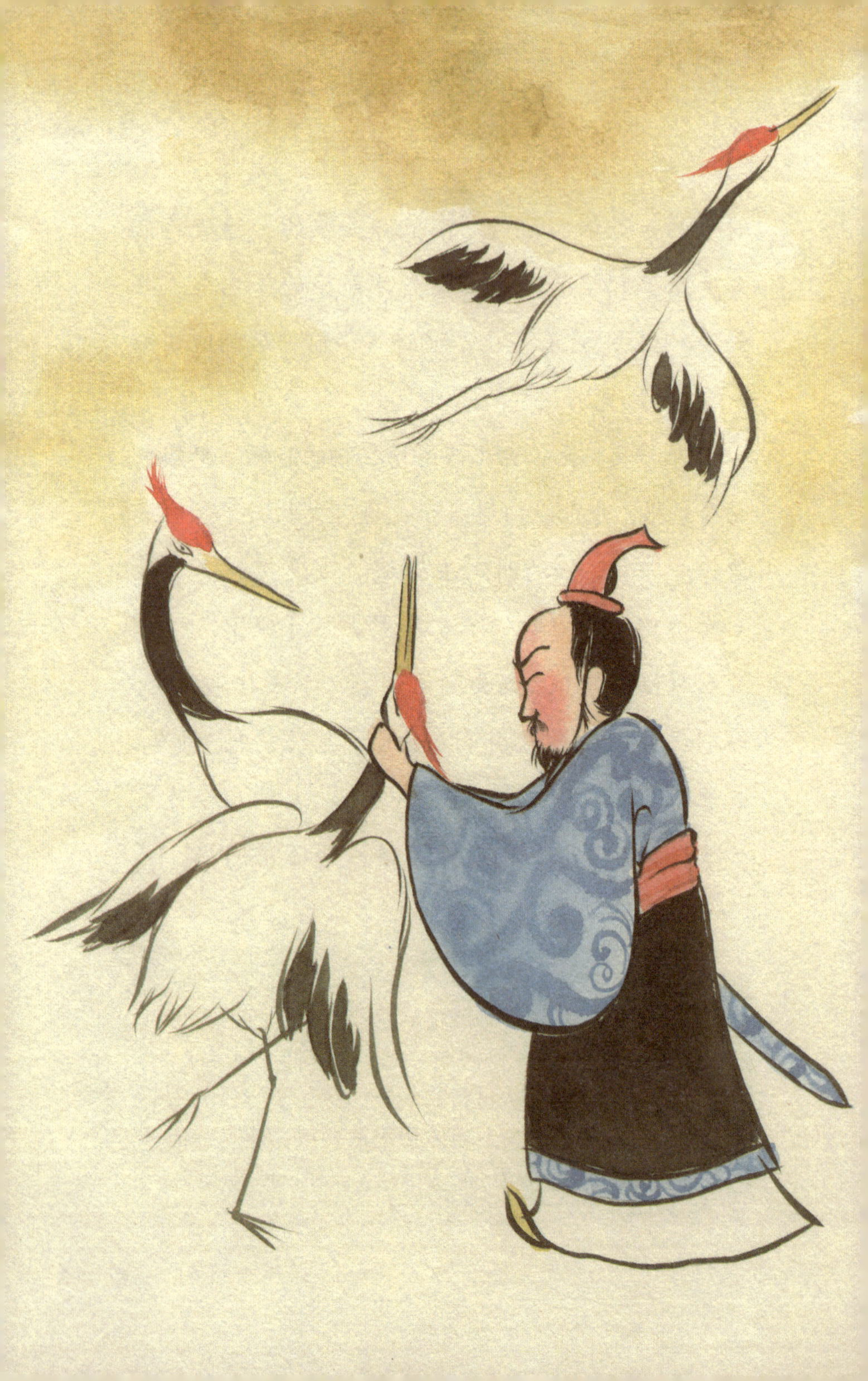

到了这时候，卫懿公才明白自己失了民心，拍着脑袋，皱着眉头，哭丧着脸向老百姓认错，把仙鹤全放了。可是那些被惯坏了的鸟儿轰也轰不走，只瞪眼看着国君，抻着脖子，扑扇着翅膀，还向他献殷勤呢。卫懿公急得要哭出来了，叫他失去民心的仙鹤，现在变成了他犯罪的证据，越是活活泼泼地在大伙儿跟前现眼，就越叫他难受。他可真后悔了，他掐死了一只仙鹤，狠心地把它扔了，表示自己真心改过。这样，才凑合着召集了一队人马。

卫懿公一瞧北狄在那儿杀卫国人，他就火儿了，一下子变成了一个好样儿的国君，亲自出马抵抗敌人。可是军队人数实在太少，挡不住如狼似虎的北狄。士兵们请卫懿公打扮成老百姓的样子逃出去，他

> 一勾新月伴三星
> （打一字）

可不依，说："我已经对不起全国的人民了，到这时候要再贪生怕死，那不是罪上加罪了吗？我一定得跟狄人拼命。"

末了，卫国全军覆没，卫懿公也被北狄杀了。敌人进了城，来不及跑的老百姓差不多全被杀了。卫国的库房，还有城里值钱的东西全被抢空。这些北狄原来是草原上的人，平常就会牧马、放羊，也不种地。打进卫国来，为的就是抢些值钱的东西，不一定要占领地盘。他们为了下一回抢着方便，把卫国的都城拆了。等到卫国的使臣跑到齐国去搬救兵，北狄早就抢够跑了。

齐桓公知道了卫国国破人亡，立刻就派公子无亏带领一队人马，把公子毁送回去。公子毁到了卫都漕邑（Cáo Yì），就瞧见那地方一片荒凉，只能算个小村子，哪儿还像个都城啊！他把卫国剩下的男女老少集合起来，一共才七百三十人。又从别的地方召集了一些老百姓来，费了好大的劲儿才凑了五千多人。这五千多人重打锣鼓另开张地建立国家，立公子毁为国君，就是卫文公。卫文公倒没有一点儿国君的架子，他跟着老百姓一块儿过活，穿的是粗麻布，吃的是糙粮食，住的是草房子。黑天白日安慰老百姓，叫他们吃苦耐劳，好恢复卫国。

机智历史题

春秋时大夫坐的车用什么拉？（　　）
A. 马
B. 牛
C. 羊
D. 人

鹤　汉字演变

大篆　小篆

（猜谜答案）

历史名片夹

养仙鹤丢了民心的国君

卫懿公　姓名：姬赤

身份	卫国国君
技能	养宠物
在位	公元前668—前660年
武力值	50%
智力值	35%

　　卫懿公即位之后，只图安乐享受，不顾国家民生，每天只知道养鹤。荒唐的是，他还根据鹤的体态优美程度，给鹤封了不同的官职品级。这些官职可不是虚名，还要配备上相应品级的侍从、车马、俸禄等。卫国一下子多出了成百上千位大夫，国库逐渐空虚了起来。等到狄人进攻卫国时，卫懿公才从荒淫无道中警醒过来，但为时已晚了。

机智历史题 答案　　A

家事乱成一锅粥的国君
鲁庄公

鲁国的国君鲁庄公一共有三个兄弟,庆父和叔牙是姨太太生的,他们俩是一派;季友是他亲兄弟,俩人又是一派。这哥儿四个分为两派,已经够麻烦的了,再加上鲁庄公有四个媳妇儿,三个儿子,家里就更乱了。

鲁庄公娶正夫人以前,就有了两个姨太太,一个叫党孟任,一个叫风氏。鲁庄公顶喜欢党孟任,没娶到她的时候低声下气地发过誓:"你要是答应了,我将来一定立你为夫人。"党孟任怕他起誓当白玩儿,就把自个儿的胳膊咬出血来,叫他抹在嘴上,算是对着老天爷"歃(shà)血

**四面不透风
里面刺骨寒
（打一字）**

为盟"。这一对儿有情人，你爱我怜地都满意了。过了也就一年吧，党孟任给他生了个儿子叫公子般。

鲁庄公打算立党孟任为夫人，公子般为太子。可是他母亲文姜不答应，一定要他跟齐襄公的女儿订婚，她说："齐国是个大国，咱们要是亲上加亲，往后鲁国也有个依靠。"鲁庄公只好听他母亲的话。他跟党孟任订的盟约就算吹了。可是他那未婚妻还只是个怀抱里的小娃娃！真要娶她的话，还得再过十多年呢。这期间，党孟任虽说不是夫人，事实上也等于是夫人了。

鲁庄公第二个姨太太叫风氏，也给他生了个儿子，叫公子申。风氏觉着说不定公子申也能当上太子，就想找季友帮忙。季友倒是大公无私的，他说："论岁数公子般比公子申大，我可不能答应你这个。"风氏听了这话，也只能算了。

鲁庄公有了党孟任和风氏，已经生了公子般和公子申以后，才依从了母亲文姜的嘱咐，正式娶齐襄公的女儿做夫人，就是哀姜。这之后没过多久，党孟任就病死了。鲁庄公并不喜爱哀姜，哀姜也没生过儿子。她妹妹叔姜是跟着姐姐陪嫁过来的，倒生了个儿子，叫公子开。

夫人哀姜虽然得不到丈夫的欢心，可是另有爱她的人。这位情人长得甭提多漂亮，学问甭提多好，他不是外人，正是哀姜的大伯子，鲁庄公

小小文曲星

为什么姐姐嫁人妹妹要陪嫁？

陪嫁制，是先秦时期汉族婚配的一种风俗，也叫媵（yìng）妾婚。按照当时的规矩，当诸侯向其他诸侯国求娶夫人时，需要从女方的侄女里和妹妹中挑选两人作为陪嫁，还要在同姓的两个国家中挑选两女作为陪嫁，这两位异国陪嫁又需要在自己的侄女、妹妹中各选两人为陪嫁。这样诸侯一旦大婚，就一下娶了九人，这九人中真正的夫人只有一位，其他均为陪嫁媵妾。诸侯一聘九人后，不得再娶，夫人过世，则从其余八人中选出一位新的夫人。后来，大家渐渐不太把这套规矩当回事儿了，媵妾婚也就渐渐没落。

的异母哥哥公子庆父。公子庆父不但跟哀姜挺热乎，还拉上了公子叔牙，三个人成为一党，打算鲁庄公死了以后，一个做国君，一个做夫人，一个做相国。

公子般有个马夫叫荦（luò）。有一天，马夫荦鼻青脸肿、一瘸一拐地来见庆父，说公子般打了他，求他做主。庆父问他："他为什么打你呀？"马夫荦半吞半吐地说出来了，原来马夫荦调戏公子般的未婚妻，被公子般撞上了。公子般打了他三百鞭子，打得马夫荦身上一块儿好肉都没有。庆父把他收留下来，叫人给他上了药，又好言好语地安慰了他。就这档子事来说，庆父认定公子般没多大出息。马夫荦是个大力士，要用他，干吗在这件事上认真呢？不想用他，拉出去一刀砍了，不是更干脆吗？打这儿，庆父断定公子般不够忠厚，也不够狠，就没把他放在眼里。

到了公元前662年，八月里，鲁庄公得了重病。鲁庄公看出庆父没安好心。他打算听听兄弟季友的口气，就偷偷地对他说："叔牙对我说，庆父很有才能，劝我立他为国君，你瞧怎么样？"季友摇了摇头，说："您本来跟党孟任立过盟约，立她为夫人。这事没办到，您已经对不住她了，怎么还要再委屈她的儿子呢？庆父跟叔牙只贪图自己的好处，不顾大局！我愿意一心一意地辅助公子般。您也别着急，好好地养病吧！"鲁庄公点点头，话就说不上来了。季友一瞧他活不了了，又怕叔牙闹出事来，就出来口头传出国君的命令，打发人把叔牙扣起来，又送毒酒给他，对他说："你喝了，还能给子孙留个退路，要不然，也许全家都得被灭了。"叔牙为了要立庆父，就这么被季友毒死了。那天晚上，鲁庄公死了，季友立公子般为国君。

那年冬天，公子般的外祖父党氏死了。在办丧事期内，公子般住在党氏家里。庆父就叫马夫荦半夜里去刺杀公子般。天刚亮，马夫荦就直奔进他的屋子。公子般吓了一大跳，问他："你来干吗？"马夫荦说："上回你打了我三百鞭子，这回来跟你算算账！"一边说着，一边就拿刺刀刺过去。公子般连忙拿起床头上的宝剑，劈了过去，把马夫荦的脑袋劈下了一块。可是那把刺刀也已经刺进了公子般的胸口，两个人一块儿完了，吓

得公子般手下的人你碰我撞地找季友去了。

　　季友一听说公子般被人害了,就知道是庆父干的。他自己没有力量,只好逃到别国去了。庆父假装替公子般报仇,把马夫荦全家都杀了。哀姜就打算立大伯子庆父为国君,庆父说:"别忙!还有公子申跟公子开呢。得先叫他们上了台,才看不出破绽来。可是公子申岁数不小了,怕不听咱们的话,还是立公子开吧!"八岁的小孩儿公子开做了国君,就是鲁闵公。

　　您别瞧鲁闵公岁数小,可真够聪明的。他知道哀姜跟庆父不是好人,季友可是正人君子。他就请舅舅齐桓公帮忙,把季友送回到鲁国做相国。公子申也挺顾全大局,同鲁闵公跟季友连在一块儿。庆父和哀姜干瞧着不敢下手。

　　到了鲁闵公第二年,这俩人可沉不住气了,暗地里派人刺死了鲁闵公。季友听说鲁闵公被刺,连夜叫醒公子申,一块儿跑了。鲁国人向来是恨庆父,佩服季友的,一听到鲁闵公被害,季友带着鲁庄公唯一活着的儿子公子申逃到别国去了，大伙儿都来跟庆父拼命，全国罢市。庆父一瞧惹起了公愤，怕吃眼前亏，赶快逃到莒（jǔ）国去了。夫人哀姜坐立不安，也跑了。他们俩一跑，季友就带着公子申回来，还请齐桓公来定君位。齐桓公打发大臣到鲁国去，和季友共同立公子申为国君，就是鲁僖公。

鲁僖公听了季友的话，赶快派人带了礼物到莒国去，请莒君代他惩办庆父。庆父逃到汶水，在那儿碰见了公子奚斯，求他去向季友说说情，饶了他这条命。奚斯走了以后，庆父天天等着信儿。这会儿他可到了山穷水尽的田地，季友能让他当个老百姓，就知足了。过了几天，他听见门外有哭声，仔细一听，原来是奚斯的声音。庆父叹了一声，说："他哭得这么难受，不来见我，我还有什么指望呢？"就自杀了。哀姜听说了庆父自杀的事，哭了半宿，就在驿舍里吊死了。

鲁国全仗着季友料理，把庆父一党灭了。鲁

僖公封给他一座城。季友说:"我跟庆父、叔牙,全是先君桓公的儿子。为了国家,我逼死了他们哥儿俩。现在他们还没有继承的人,我倒享受富贵,怎么对得起桓公呢?再说他们两个人全是自尽的,这跟国君定他们的罪、治死他们不一样。我想还是分封他们的后代,叫老百姓知道主公不忘祖宗。"

鲁僖公就立公孙敖继承庆父,称为孟孙氏;立公孙兹继承叔牙,称为叔孙氏;季友一家叫季孙氏。这三家因为全是鲁桓公的子孙,所以叫"三桓"。三桓一块儿统治鲁国,势力一天比一天大,鲁国的国君反倒弱下去了。

家 汉字演变

甲骨文　金文　大篆　小篆

（猜谜答案）

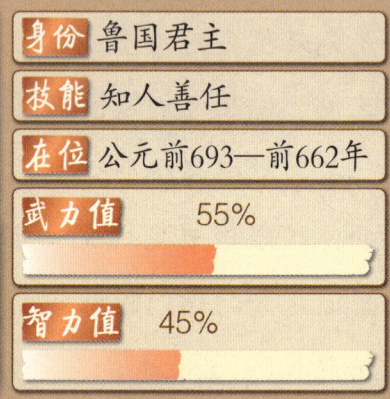

历史名片夹

家事乱成一锅粥的国君

鲁庄公 姓名：姬同

身份	鲁国君主
技能	知人善任
在位	公元前693—前662年
武力值	55%
智力值	45%

　　鲁庄公是鲁桓公和文姜的儿子。他能够广开言路、虚心纳谏，在位期间曾帮助齐国的公子纠回国夺位，但最后以失败告终，还放走了后来的齐相管仲。他在长勺之战中，任用曹刿，亲上战场，打败了来势汹汹的齐国。后来，又成功逼迫齐桓公归还了侵占鲁国的土地。他去世后，鲁国多方势力争权，使得鲁国迅速衰弱下去，逐渐形成了"三桓"分鲁的局面。

五张羊皮换来的相国
百里奚

<small>这个故事将诞生的成语：唇亡齿寒</small>

百里奚是虞国人，三十多岁才娶了媳妇儿杜氏，生个儿子叫孟明视。两口子恩恩爱爱，就是家里贫寒。百里奚总想出去找点儿事做，可又舍不得媳妇儿和孩子。

有一天，杜氏对他说："大丈夫志在四方，怎么能老待在家里呢？你现在年富力强，不出去做事，难道等到老了才出去吗？家里的事你放心，我也有一双手呢！"百里奚听了他媳妇儿的话，决定第二天就出门。第二天，杜氏预备些酒菜，替男人送行。家里还有一只老母鸡，杜氏把它宰了。可是灶底下连劈柴也没有，杜氏就把破

> **百里奚的儿子为什么叫孟明视?**
>
> 孟明视姓百里,孟明是他的字,视是他的名,所以孟明视其实叫作百里视。古时候,人们常常会把名和字连用来称呼一个人,孟明视的称呼就是由此而来。同样的情况还有孔子的父亲叔梁纥(hé),姓孔,名纥,字叔梁。

小小文曲星

门的门闩当柴火烧。又煮了些小米饭,熬点儿白菜,叫百里奚阔阔气气地吃一顿饱饭。临走的时候,杜氏抱着小孩儿,拉住百里奚的袖子,眼泪是再也忍不住了,抽抽啼啼地说:"你要是富贵了,千万别忘了我们娘儿俩。"百里奚也眼泪汪汪地答应着她。

百里奚离开家乡,到了齐国,想去求见齐襄公,可是没有人给他引荐,只好四处流浪,过着困苦的日子。四十多岁的时候,百里奚在宋国碰见个隐士叫蹇(jiǎn)叔。两个人一聊,挺对劲儿,就成了知己朋友。可是蹇叔也不是有钱人,百里奚不能跟着他过活,只好在乡下给人家看牛。

后来这两个好朋友跑了好几个地方，想找一条出路，可是怎么也找不到个适当的主人。蹇叔说："大丈夫宁可没有事干，可不能投错了主人，失了节操。要是投靠个坏主人，半途而废，这就是不忠；跟着他一块儿受罪，又是不智。做不成大事，落个不忠不智的名儿，何苦呢？"

百里奚想着他的媳妇儿，打算回到虞国去。蹇叔说："也好，虞国的大夫宫之奇是我的朋友。我也想瞧瞧他去。"他们俩就到了虞国。

百里奚到了本乡，找到了以前的住处。可是他的媳妇儿和孩子哪儿去了呢？问问街坊四邻，全说不知道。百里奚好像掉了魂儿似的在门口愣了半天，才掉着眼泪，伤心地走了。

蹇叔带着他去见大夫宫之奇。宫之奇请他们留在虞国，还说一定引他们去见虞君。蹇叔摇了摇头，说："虞君爱贪小便宜，不像个大人物。"百里奚说："我已经奔忙了这么些年了，就留在

八十八
（打一字）

这儿吧。"蹇叔叹了一口气，说："这也难怪你，不过我还是回去。"打这儿起，百里奚跟着宫之奇在虞国做大夫。哪儿知道果然不出蹇叔所料，虞君因为爱贪小便宜，连国也亡了。

公元前655年，晋献公派大夫荀息去见虞君，送上一匹千里马和一对儿最名贵的玉璧，说："虢国老侵犯我们，我们打算跟他们打一仗。贵国可不可以借给我们一条道儿让我们过去？"虞君一会儿摸摸玉璧，一会儿又瞧瞧千里马，说："可以，可以！"宫之奇拦住他，说："不行，不行！虢国跟咱们都是小国，贴得那么近，好像嘴唇跟牙齿一样。俗语说'唇亡齿寒'，万一虢国给人家灭了，虞国一定也保不住。"虞君说："人家晋国送来这无价之宝跟咱们交好，难道咱们连一条道儿都不准人家走走？再说晋国比虢国强上十倍，就算失了一个小国，可是交上了一个大国，还不好吗？"宫之奇还想再说几句，倒给百里奚拉住了。

晋献公派大将里克带领大军经过虞国灭了虢

国,回头一顺手把虞国也灭了,取回了千里马和玉璧。虞君和百里奚都做了俘虏。虞君后悔万分,对百里奚说:"当初你为什么不拦拦我呢?"百里奚说:"宫之奇说的您都不听,难道您能听我的?那时候我不说什么,就是为了今天可以跟着您哪!"

晋献公给虞君一所房子,另外送他一部车马和一对玉璧给他玩玩,说:"我可不能白白地借你的道儿。"晋献公还想重用百里奚,但百里奚宁可做俘虏,也不愿在敌国做官。

就在这一年,秦穆公派公子絷(zhí)到晋国去求婚。晋献公答应把大女儿嫁给他,还要送几个人过去,作为陪嫁的奴仆。晋献公想着百里奚不乐意给自己办事,干脆把他充作陪嫁的奴仆吧。没想到半道上人家一不留神,他就偷偷地跑了。

百里奚东躲西藏,也没个落脚地儿,后来到了楚国。楚国人把他当作奸细,绑起来问:"你是干什么的？"他说："我是虞国人，本来是个看牛的。亡了国，就逃难出来了。"大家伙儿一瞧他上了年纪，又挺老实，不像奸细，就叫他看牛。他也不推辞，没承想他还真有一手儿，他看管的牛都比别人的牛强，楚国人给他起个外号叫"看牛大王"。看牛大王出了名，连楚成王也知道了，就叫他到南海去看马。

当初公子絷以为跑了个老奴仆，算不了什么，一路回来没把这事搁在心里。秦穆公瞧见陪嫁名单上有百里奚的名字，就问公子絷："怎么没有这个人呢？"公子絷说："他是虞国人，是个亡国的大夫，跑了。"秦穆公可听说他挺有才能，就派人去打听百里奚的下落。一打听才知道，原来他在楚国看马呢。

秦穆公要送厚礼给楚成王，请他派人把百里奚送回来。公孙枝说："这可千万使不得。楚国人叫他看马是因为还不知道他有多大的能耐。要是主公这么去请他，分明是告诉楚王要重用他，还能放他到这儿来吗?"秦穆公就依照当时一般奴隶的价钱,派人带了五张羊皮去见楚成王,说:"我们有个奴隶叫百里奚,他犯了法,躲在贵国。请让我们把他赎回去,办他的罪,免得叫别的奴隶学他的样儿。"楚成王这才叫人把百里奚逮住,装上囚车,交给了秦国人。

秦穆公一瞧,百里奚是个白头发的老头子,就问他有多大岁数了。他说:"我才七十。"秦穆公叹了一口气,说:"唉!可惜老了!"百里奚可不服气,他说:"主公要是叫我去打老虎,我是老了。要是叫我坐下来商议商议朝廷大事,那我比姜太公还年轻十岁呢!"秦穆公觉得他的话也有道理,就跟他聊聊富国强兵的大道理。想不到越聊越觉得他是个了不起的人物,一连聊了三天,就请他当了相国。

再说百里奚的媳妇儿和儿子。原来当初百里奚走了以后,他媳妇儿靠着双手凑合着过日子。后来碰上荒年,只好带着儿子去逃荒。也不知道

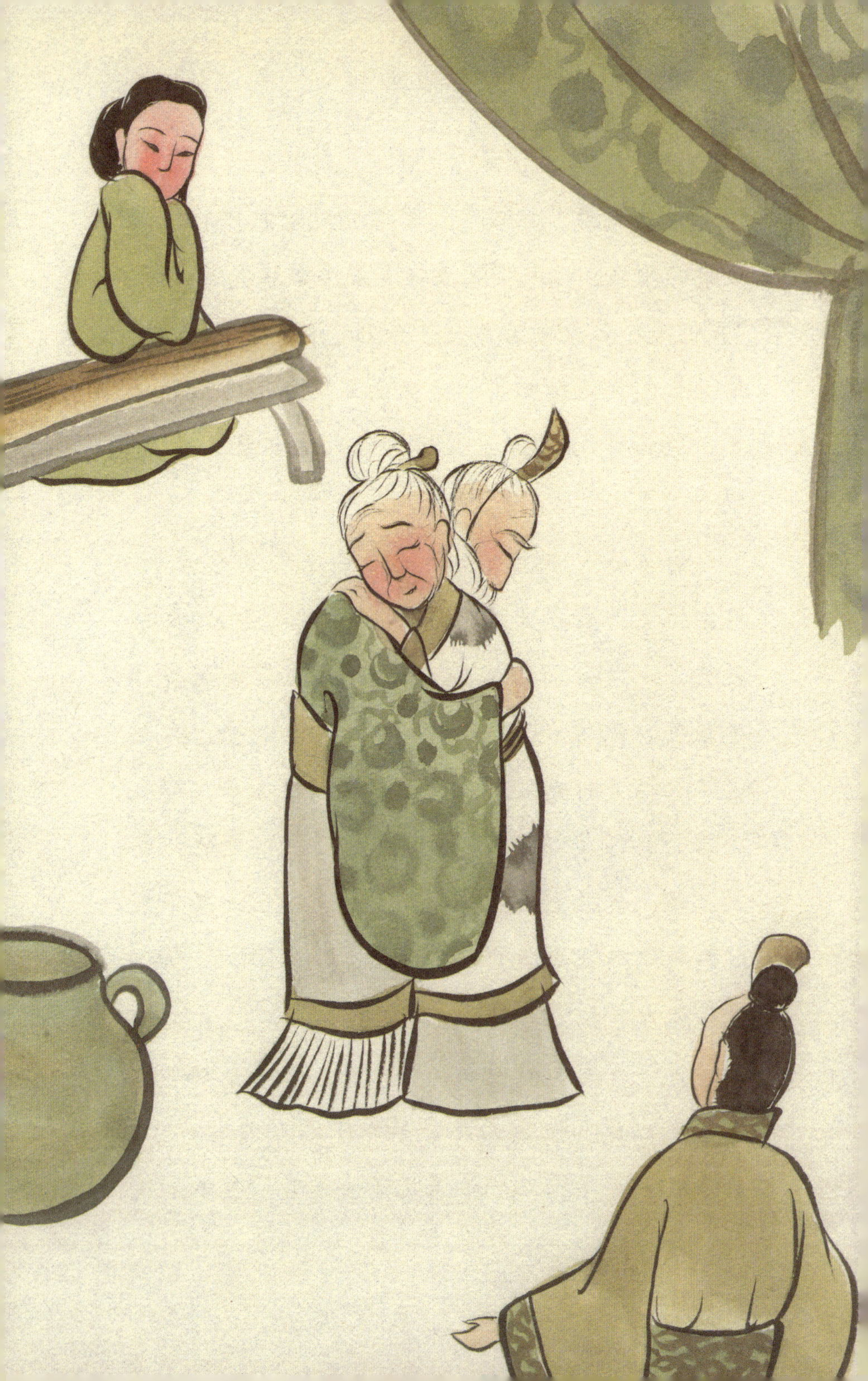

受了多少磨难，末了到了秦国，给人家缝缝洗洗，娘儿俩过着苦日子。没想到孟明视长大成人，不好好地干活，就喜欢跟着一群小伙子使枪弄棒，反倒叫上了岁数的母亲去养活他。

有一回，孟明视听那群小伙子说："我们的国君用了个老头儿做相国，已经够有意思了。最新鲜的是这个相国是用五张羊皮买来的，真是听也没听说过。"孟明视一听，心想："也许这是我父亲吧。"他回家一说，杜氏也起了疑，想尽了法子到"五羊皮"的相府里去洗衣裳。手底下的人见她做事利落，全挺喜欢她。可是她哪儿能见得到相国呢？

正赶上一次百里奚在家里请客，杜氏在大厅外头，想瞧瞧这位相国。相府里头的人知道她是洗衣裳的老妈子，也不去管她。她瞧了一会儿，好像这位老头儿有几分像她的男人，可也瞧不准。她瞧见一个弹琴的出来，就挺小心地跟他探听一下，又说："我从小也弹过琴，让我弹弹，行不行？"

乐工起了好奇心,就把琴交给她。她拿过来一弹,居然跟乐工差不了多少。宾客们听见高兴极了,叫她来堂下唱个歌儿。她也不推辞,对相国跟来宾行了礼,唱了起来:

百里奚,
五羊皮,
可记得——
熬白菜,煮小米,
灶下没柴火,
劈了门闩炖母鸡?
今天富贵了,
扔了儿子忘了妻!

百里奚听得愣住了,叫过来一问,果然是自己的媳妇儿杜氏。他也不顾别人,抱着杜氏就哭起来了。两口子一伤心,引出了大家伙儿的眼泪。秦穆公听说他们夫妻父子相会,特意赏给他们不少东西。又听说孟明视武艺高强，就拜他为大夫，让他管理军事。

机智历史题

百里奚是如何去秦国的？（　　）

A. 秦穆公用五张羊皮换去的

B. 自己赶着牛去的

C. 跟着陪嫁队伍去的

D. 秦穆公用高官厚禄请去的

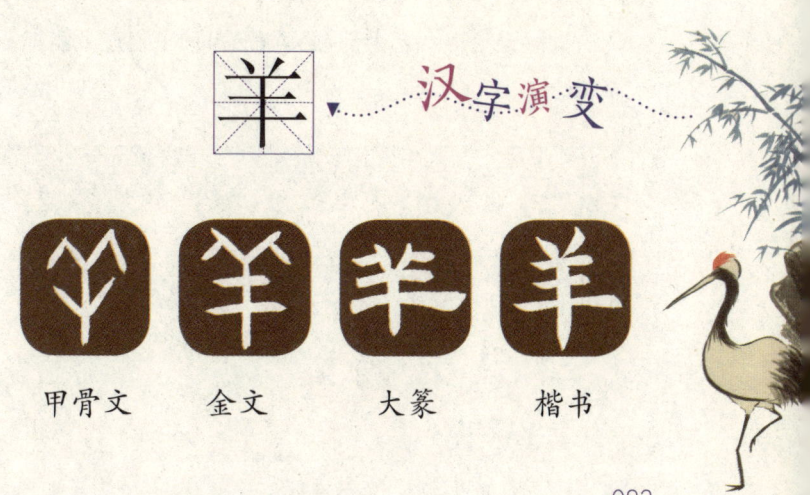

羊　汉字演变

甲骨文　金文　大篆　楷书

米
（猜谜答案）

历史名片夹

五张羊皮换来的相国

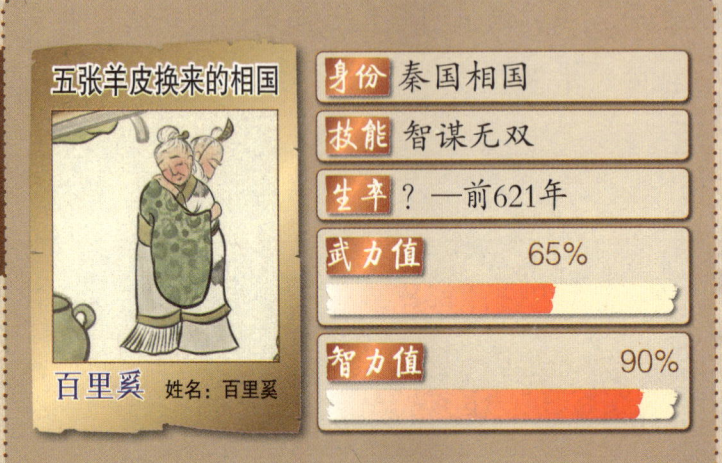

百里奚　姓名：百里奚

身份	秦国相国
技能	智谋无双
生卒	？—前621年
武力值	65%
智力值	90%

　　秦穆公用五张羊皮换来百里奚时，他已经七十岁了。百里奚在相位七年，注重教化民众，为秦国开疆辟土，使秦国逐渐强大起来，秦穆公成为"春秋五霸"之一，为秦国日后统一中原做了准备。历史上说百里奚"谋无不当，举必有功"，他深受百姓爱戴，去世时无论男女老少都痛哭流涕，孩子们连歌谣都不再唱了。

机智历史题 **答案**　　A

晚景凄凉的春秋霸主
齐桓公

> 这个故事将诞生的成语
> 老马识途

周王朝自打搬到了东面的洛阳，天王的势力就越来越弱了。到了周庄王的时候，列国诸侯干脆都不来朝见了，天王就这么成了又弱又穷的大傀儡。

齐桓公呢，在相国管仲的帮助下把齐国治理得民富兵强，就老想着自己当霸主。正赶上宋国有内乱，齐桓公跑到洛阳去跟天王请了旨意，借着帮宋国定新君的缘由召集诸侯开了个北杏大会，总算当上了诸侯的领袖。光有名声可不算，齐桓公老想干点儿实事儿，好叫诸侯们都认可他霸主的身份。

小小文曲星

齐桓公为什么要开北杏大会?

公元前681年的春天,齐桓公和宋国、蔡国、邾国、陈国的国君一起在齐国的北杏召开了诸侯会盟,确定了宋国国君的身份。在此次会盟之前,诸侯之间也开过大会,但主持者都是周天子。北杏大会是第一次由诸侯主持召开的盟会,这说明周天子的势力已经没落,春秋五霸的时代开始了。在北杏大会上,几个国家的诸侯一起确定了齐桓公诸侯长的地位,他也就成了春秋的第一位霸主。

公元前663年,北边的山戎侵略燕国,燕国人已经打了几个败仗,眼瞧着老百姓都要被山戎杀害了。管仲对齐桓公说:"想当中原霸主,非打败山戎不可。"齐桓公觉着有理。这么着,齐国、燕国又联合了无终国,三队人马往山戎去了。

山戎哪打得过三个国家的军队呀,很快就败了,他们的头儿密卢逃到了北边的孤竹国。齐桓公和管仲一商量,得再去征伐孤竹国,好叫北方有太平日子。

中原的大队人马到了孤竹国附近，就碰见山戎的头儿密卢和孤竹国的大将黄花。密卢和黄花每人带着一队人马前来对敌，没想到又被打败了。齐桓公一瞧天也不早了，就安营扎寨，打算休息一夜，明天再去攻打孤竹国。

到了头更天的时候，齐国的士兵带着孤竹国的大将黄花来见齐桓公。齐桓公一瞧他双手捧着一颗人头，就问他："你来干什么？"黄花跪在地下，奉上人头，说："我们的头子答里呵不听我良言相劝，非得帮助山戎不行。这会儿我们打了败仗，答里呵把老百姓都带走，还亲身到沙漠去请救兵。我就杀了山戎的头子密卢来投降，情愿在大王手底下当个小兵。您的人马去追赶答里呵，我可以带路，省得他回来报仇。"

齐桓公和管仲把那颗人头仔细瞧了一阵子，又叫将士们认了认，真是密卢的脑袋，猜想他们大概真是窝里反了，齐桓公就信了黄花。第二天，齐桓公叫燕国的军队守住孤竹国都城，自己带上

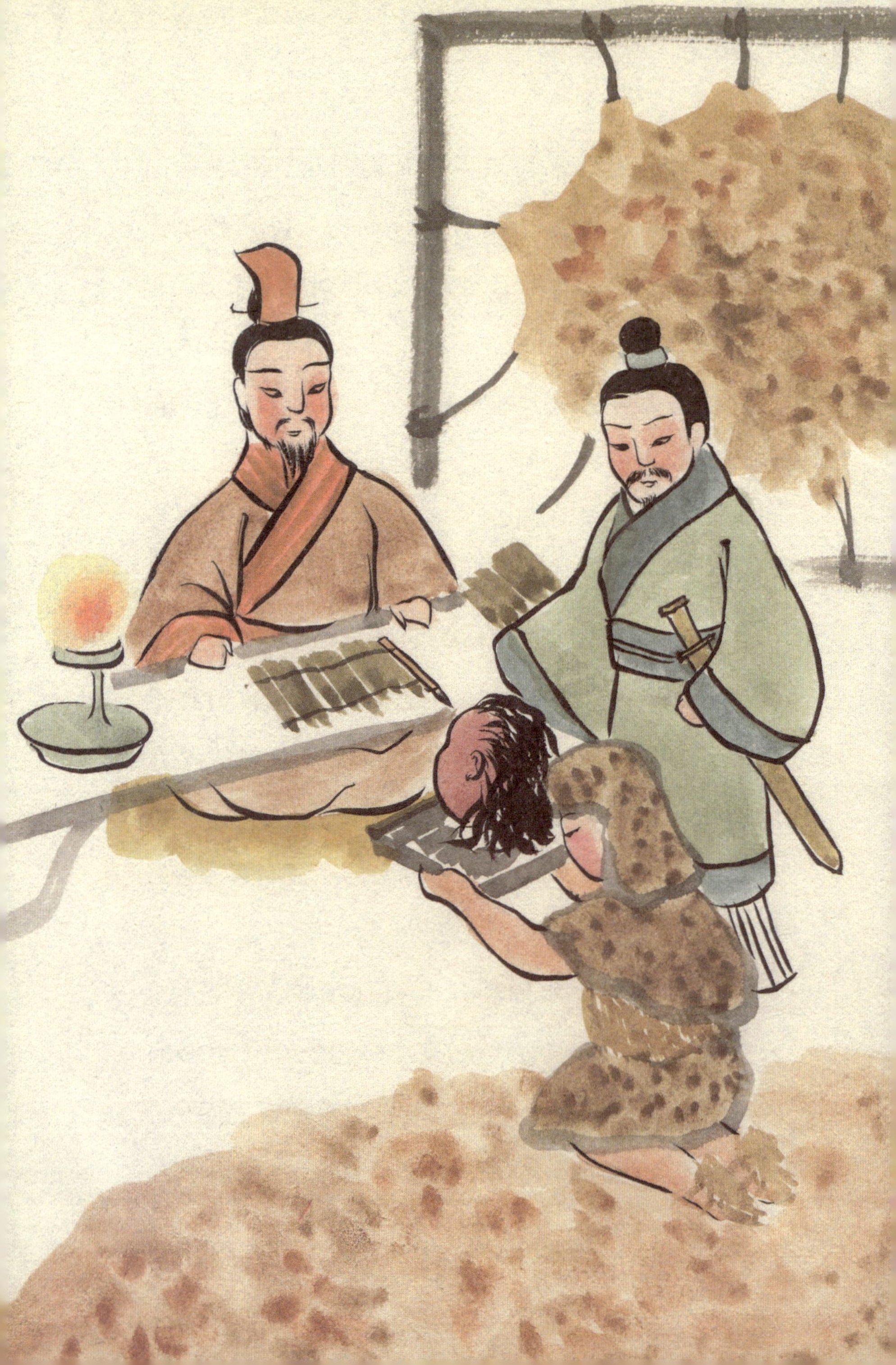

剩下的人马跟着黄花去追答里呵。

黄花在前头带道，中原的队伍在后头跟着，浩浩荡荡，一路走去。到了快掌灯的时候，他们到了一个地方，当地人管它叫"迷谷"，又叫"旱海"。那地方就跟大海一样，没边儿没沿儿，别说是在晚上，就是在大白天，也分不出东南西北来。中原人哪儿到过这样的地方啊！大家伙儿全迷了道儿。齐桓公和管仲急得什么似的赶紧去问黄花。嗬！哪儿还有他的影儿？大伙儿这才知道中了黄花的诡计。原来黄花杀了山戎的头子密卢，自己想做头子倒是真的，投降中原可是假的。天一会儿比一会儿黑，西北风一个劲儿地刮着，大伙儿被冻得直打哆嗦。

好不容易盼到天亮，可眼前还是黄澄澄的一片，道儿在哪儿呢？这鬼地方连一滴水都没有。大伙儿正干瞪眼没辙的时候，管仲猛然想出一个主意：狗、鸽子，还有蜜蜂，不管离家多远，向来不会迷路。动物是不是天生有认路的本领呢？

自大一点惹人厌（打一字）

他就对齐桓公说："马也许能认得路，不如挑几匹无终国的老马，让它们在头里走，咱们在后头跟着，也许能走出这块地方。"齐桓公说："试试看吧。"他们就挑了几匹老马，让它们领路。这几匹马居然真领着大队人马出了迷谷。大家伙儿这才松了一口气。

齐桓公的大队人马出了迷谷，走到半路，瞧见一批老百姓好像在搬家一样，就问他们："你们这是干什么呢？"他们说："我们的大王打退了燕国的人马，现在叫我们回去。"齐桓公和管仲这才明白当初中了黄花和答里呵的诡计。管仲就叫一部分士兵打扮成孤竹国老百姓，混进城去。到了半夜，混进城里的士兵放了一把火，从城里杀出来，城外的大军从外边打进去，直杀得敌人叫苦连天。黄花和答里呵全被杀了，孤竹国也就这么完了。

燕国一下子增加了五百多里的土地，变成了大国，这相当于是给中原北边加固了屏障。

说实在的,齐桓公的功劳可真不小。春秋时代,北方和西方的游牧部族,纷纷向中原进攻,周朝的天下实际上已经给这些部族包围起来了。齐桓公帮助燕国加强中国北边的屏障,后来又会合诸侯打退了北狄,这是齐桓公保卫周室最大的功劳。他又立了鲁僖公,平了鲁国的内乱;建造夷仪,恢复了邢国;建造了楚丘,恢复了卫国。因为这几件大事,齐桓公的名声更大了。列国诸侯,不管愿意不愿意,都不能不承认他是霸主了。

齐桓公虽说很能干,可到了晚年就有点儿犯糊涂了。

他有三个最心爱的臣下,就是竖刁、易牙和开方。竖刁和易牙想帮长子无亏当国君,开方和公子潘交好,没有一个人向着正经八百的太子公子昭。管仲临死的时候,就劝过齐桓公别跟竖刁、易牙、开方这三个人接近,省得他们利用公子来扰乱齐国。

齐桓公可真喜爱他们三个人,还在管仲面前

替他们辩护，说："先说易牙吧，他听我说了一句'不知道人肉是什么滋味儿'，就把自己的孩子杀了，煮了给我吃。他这样不是爱我胜过爱自己的骨肉吗？竖刁为了要伺候我，自愿受了宫刑。这不是爱我胜过爱他自己的身子吗？卫公子开方连太子的地位也不要了，来伺候我，父母死了也不回去。这不是爱我胜过爱他自己的父母吗？他们这份儿忠心可真难得，你怎么叫我不理他们呢？"

管仲说："爱儿子、爱身子、爱父母都是天性。他们连自己的骨肉也忍心杀害，自己的身子也不爱惜，自己的父母也不尊敬，还能爱别人吗？他们亲近主公是另有所图的，请主公听我最后一句话，这种人万万接近不得！"

齐桓公是个能人，可是全仗着管仲做他的助手，发挥他的长处，才干了一番事业。等到管仲一死，他好像短了一只胳膊。再说他又上了年纪，就慢慢地懒起来了，把国家大事全交给了竖刁、易牙、开方三个人去瞧着办。

公元前643年,七十三岁的霸主齐桓公害了重病。竖刁、易牙、公子无亏这一批人抓住时机,派武士把守宫门,就说国君要清静,不许任何人进宫问安。过了三天,竖刁、易牙把伺候齐恒公的底下人,不论男女,一概轰走。卧室的四周完全关结实了,就留着一个很大的"狗洞",每到夜里派个小丫头钻进去看看他咽没咽气。平时不许有人出入,就让齐桓公一个人躺着。

齐桓公叫这个喊那个,没有人答应。这时候他跟外边完全隔离了,整个屋子静得比死还可怕。他正闭着眼休息,忽然打"狗洞"里钻进一个宫女来。齐桓公一愣,问她:"你是谁?"她说:"我是主公的小丫头晏蛾!"齐桓公睁开眼睛仔细一瞧,说:"哦!原来是你。我肚子饿得慌,你去给我弄点儿稀粥来。"晏蛾说:"哪儿有稀粥哇!"齐桓公说:"热水也行,我正渴着呢!"她说:"没法儿拿来。"齐桓公说:"为什么?"她说:"竖刁、易牙造反,叫武士们把守宫门,内外不通信儿。

我冒充探听主公生死的人，才混了进来。"齐桓公说："公子昭在哪儿呢？"晏蛾说："被他们挡在外头，不许进宫。"齐桓公流着眼泪，叹着气，说："天哪，天哪！我小白就这么死去吗？"接着吐了几口血。晏蛾不住地替他揉胸口，齐桓公哆里哆嗦地握着她的手，说："我有这么多的女人，这么多的儿子，可没有一个在我眼前，只有你一个人来送终。唉，晏蛾！我可后悔了！我有什么脸去见管仲啊！"晏蛾说："主公有什么话尽管说吧！"他挣扎着说："晏蛾……你……你……能不能通知公子昭，叫他赶快逃到宋国去？"晏蛾明明知道办不到，可是为了安慰病人，就答应了他。不一会儿，齐桓公就没有气儿了。

她赶快钻出"狗洞"，往外一跑，不料迎头撞见了竖刁。她避也没法儿避，就跑上一步，禀告说："他死了！"竖刁哼了一声，说："知道了，去吧！"

竖刁跟易牙商量，先不把消息传出去。他们一面立公子无亏为国君，一面发兵去包围东宫，捉拿公子昭。万没想到公子昭早已得了信儿，逃了。另一面，公子元、公子潘、公子商人跟着开方，带领着自己的家丁攻打竖刁、易牙和公子无亏。四个孝子只顾争夺君位，害得老头子的尸首搁了六十七天，还没进棺材。尸体一烂，那股子臭味就别提了。

　　齐国有两个老臣，一个叫高虎，一个叫国懿仲，他们说："立长子为国君是名正言顺的。"他们就请出公子无亏做了丧主，先办丧事。其他三个公子一瞧齐国最有势力的两个大臣出来主持，倒也不敢相争，大家散了武士，穿了孝服，跟着公子无亏办了丧事。一代霸主总算入土为安了。

老　汉字演变

甲骨文　金文　大篆　小篆

臭
（猜谜答案）

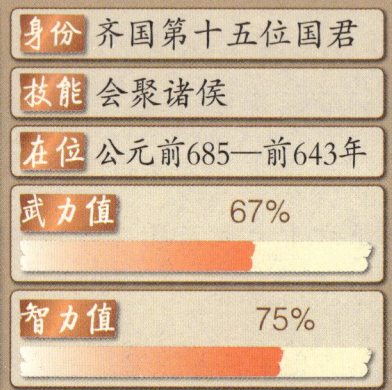

历史名片夹

晚景凄凉的春秋霸主

齐桓公　姓名：吕小白

身份	齐国第十五位国君
技能	会聚诸侯
在位	公元前685—前643年

武力值　67%

智力值　75%

　　齐桓公即位后，不计较一箭之仇，任命管仲为相国，又在管仲的举荐下，重用隰（xí）朋、宁戚、王子城父、宾胥无、东郭牙五人，他们组成了齐桓公称霸中原的强大领导团。齐桓公在一批贤士能人的帮助下励精图治，全面改革，让齐国强大起来。他还是第一个组织各国会盟的诸侯，也是"春秋五霸"第一人。齐桓公在位期间，曾九次组织诸侯会盟，因此他被称为"九合诸侯"。

拿"仁义"当武器的国君
宋襄公

宋国的国君宋襄公是一等诸侯,自打齐桓公去世以后,他也想做一做霸主。想当霸主,就得会合诸侯,开个大会。宋襄公自作聪明,他想先请出一个大国来,再靠着大国去收服小国。那时候楚成王已经会合了齐、鲁、陈、蔡、郑等国,订立了盟约。宋襄公灵机一动,不如就利用楚国吧!

就这么着,公元前639年的秋天,在宋国的盂(yú)地开了一场约定好不带武器的"衣裳之会"。

宋襄公去开会之前,公子目夷说:"楚是蛮族,

> **衣裳之会是什么?**
>
> 所谓的衣裳之会,就是指春秋时期,诸侯们参加会盟时,不带一兵一卒。衣裳之会一般是友好会盟,参加会盟的人为了显示出自己结交的诚意,不做任何军事上的防备。与衣裳之会相对的是兵车之会,指的是全副武装参加会盟,这样的会盟一般是要行征讨之事。

小小文曲星

向来不讲信义。主公总得带点儿人马去,我才放心。"宋襄公瞪了他一眼,说:"什么话?约好了'衣裳之会',怎么可以自己先失了信?"公子目夷只好空身跟着他去。

他们到了会场,就瞧见楚、郑、陈、蔡、曹、许等国全都到了。宋襄公一瞧跟着楚成王的全是文臣,没有一个武将,就教训公子目夷,说:"你瞧瞧!下回可别再拿小人的心思去瞎猜君子的好心眼儿了。"

七国的诸侯准时开会。宋襄公做了临时主席,拱了拱手,致开会辞,说:"今天诸君到敝国来开会,我们非常荣幸。我们想继续齐桓公的办法,大家共同扶助王室,帮助弱小的和有困难的诸侯。大家伙儿订立盟约,不准互相攻打,天下才可太平。不知道诸位意下如何?"楚成王站起来,说:"很好,很好。可不知道谁是盟主?"宋襄公心里一急,一时说不出话来。他心里想说:"盟主就是我呀!我不就是请你们来推举的吗?"可是这话没法儿出口。他想起宋国是公爵,再说自己有平定齐国内乱的功劳,就说:"这个用不着说,不是看爵位的高低,就是看功劳的大小。"楚成王说:"宋是公爵,第一等诸侯,可是我已经做了多少年的王了。王总比公高一等吧!"他就跑过去,一屁股坐在第一个座位上,气得宋襄公暴跳起来,说:"我是正式的公爵,你是自称为王,这头衔是假的。"楚成王变了脸,说:"既然知道我这楚王是假的,你请我这假王来干什么!"楚国的大夫成得臣大声地说:"今天开会,只要问问众位诸侯,是为着楚国来的呢,还是为着宋国来的？"陈国和蔡国的国君向来害怕楚王，一齐说："楚国！楚国！"楚王听了，哈哈大笑，指着宋襄公，说："听见了没有？你还有什么话可说？"宋襄公当面受了欺负，气呼呼地还想争论，就瞧见成得臣和楚国大将斗勃脱了外衣，里头全是亮堂堂的铠甲。他们从腰里拔出两面小红旗，向台底下一摇晃，就瞧见一批楚国的"文官"，立刻剥去外皮，一个个全变成了武士，扑上台来。

楚国人一窝蜂似的把这位"霸主"宋襄公拖了去，公子目夷趁着这个乱劲儿，一溜烟儿跑了。

公子目夷回到都城睢（suī）阳，和司马公孙固商量怎么去抵御楚国人。公孙固说："请公子先即位，才能号令全国，安定人心。"大臣们向来佩服公子目夷，就立他为国君。

他们两个人计划停当，赶紧派兵把守睢阳城。没待多大一会儿，楚国的大军到了城下。楚成王下令攻城，可是城上的箭和石头就像暴雨夹着雹子似的打下来，打伤了不少楚国的士兵。楚国人一连打了三天，睢阳城还是打不下来。楚成王觉着这么打下去没意思，就拿宋襄公当棋子，使用计谋让诸侯们选自己当上了盟主。他的目的达成，自然就放了宋襄公。

宋襄公命是保住了，可他听说公子目夷已经做了国君，就觉得不好再回睢阳，还不如跑到别

大口加小口
（打一字）

国去。他哪儿知道公子目夷是为了救他的命才那么办的。宋襄公正想着往哪跑呢，公子目夷已经派人来接他了。他这才又是欢喜，又是害臊地重新做了国君。

可是他这回乘兴而去，败兴而归，又想起那个该死的郑伯老是依附着楚国。宋襄公越想越气，不由得一肚子的闷气全要发在郑文公头上了。

公元前638年，宋襄公要带着公子目夷和大司马公孙固去征伐郑国，满朝文武全不同意。宋襄公生了气，说："大司马也不去？好，那我就一个人去吧！"他们只得顺了他。

郑文公急忙打发使臣向楚国求救。楚成王派成得臣和斗勃带领着大队兵马直接去打宋国，急得宋襄公连忙赶回来。大军到了泓水，楚国人已经在对岸了。

公孙固对宋襄公说："楚国的兵马到这儿，是因为咱们去打郑国。现在咱们回来了，可以跟楚国讲和，何必跟他们闹翻脸呢？再说，咱们的兵力也比不上楚国，怎么能跟他们打呢！"宋襄公说："怕他什么，楚国兵力有余，仁义不足，咱们虽说兵力不足，仁义可是有余呀！兵力怎么能抵得住仁义呢！"

宋襄公一心要做霸主，宋国的兵力不是楚国的对手，他就想出一个打胜仗的法子来，那就是用"仁义"去打倒"武力"。可是"仁义"是个摸不着边的玩意儿，总得做出点东西来，人家才能够瞧得见。宋襄公可有这种聪明劲儿，他做了一面大旗，上面绣着"仁义"两个大字。在宋襄公心里，好像有了法宝就能降妖。万没想到那批妖魔鬼怪不但没给吓跑，反倒从泓水那边渡到这边来了。

公子目夷瞧着楚国人忙着过河，就对宋襄公说："楚国人白天渡河，明摆着料到咱们不敢去打他们，咱们趁着他们还没渡完的时候，迎头打过去，一定能够打个胜仗。"

宋襄公一想，这是一种考验，考验他能不能

坚持信念。他指着大旗上的"仁义"两个大字,说:"哪儿有这理呀?敌人正在过河的时候就打过去,还算得上讲仁义的军队吗?"

公子目夷对于那个符号可不感兴趣,一瞧楚国人过来,乱哄哄地正排着队,心里急得什么似的,又对宋襄公说:"这会儿可别再待着了,趁他们还没排好队伍,咱们赶紧打过去,还能够抵挡一阵。"宋襄公骂他,说:"呸!你这个不懂道义的家伙!别人家队伍还没排好,怎么可以打呢!"

楚国的兵马排好了队伍,就像大水冲塌了堤坝似的涌过来。宋国讲"仁义"的军队哪儿顶得住呀!公子目夷、公孙固、公子荡拼命保住宋襄公,可是宋襄公的大腿上早已中了一箭,身子也有几处受了伤。那面"仁义"大旗委委屈屈地被人家夺了去。

公子荡不顾死活,挡住了楚国人。公子目夷保护着宋襄公赶着车逃跑。公子目夷瞧着愁眉苦脸的宋襄公，又是恨他，又是疼他，问他说："您说的讲道义的打仗就是这个样儿的吗？"宋襄公一边理着花白的头发，一边揉着受了伤的大腿，说："依我说，讲道义的打仗就是以德服人。比如说，看见已经受了伤的人，可别再去害他；头发花白了，可别拿他当俘虏。"公子目夷说："如果怕打伤敌人，那还不如不打；如果碰到头发花白的就不抓他，那还不如不去抓呢！"

宋襄公逃回睢阳，受了很重的伤，身体越来越不好，不久就死了。

旗 · 汉字演变

大篆　　小篆

（猜谜答案）固

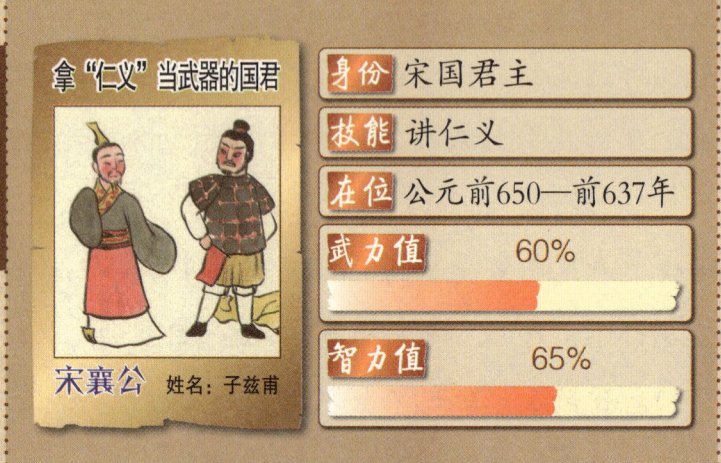

历史名片夹

拿"仁义"当武器的国君

宋襄公 姓名：子兹甫

身份	宋国君主
技能	讲仁义
在位	公元前650—前637年
武力值	60%
智力值	65%

　　宋桓公病重时，兹甫曾向父亲表示要把太子之位让给庶兄目夷，因为目夷年长且仁厚。目夷听说以后，觉得兹甫连国君之位都能够让出来，不是更加仁厚吗？为了表示不接受太子之位，目夷甚至躲到了卫国。兹甫即位后，就是宋襄公，他任命哥哥目夷为相国，两兄弟把宋国治理得越来越强大。齐桓公死后，宋襄公帮助齐公子昭即位，在诸侯之间声名鹊起。他也想像齐桓公一样成就霸业，成为春秋霸主，但在泓水之战中因一味讲究仁义败给了楚国。司马迁将他列为"春秋五霸"之一，但事实上，宋襄公并未做过诸侯会盟的盟主。

六十二岁才当上国君的霸主
晋文公

这个故事将诞生的成语：秦晋之好 退避三舍

晋献公死后，晋国有两个公子适合当继承人，一个是公子重耳，一个是公子夷吾。秦穆公看重耳品性好，想着没准儿立个坏的国君晋国就好掌控了，就跟齐桓公一起让夷吾当上了晋国的国君。这位新国君可怕兄弟抢了他的位子，容不下重耳，没法子，重耳跑到别国避难去了。

别看重耳没当上国君，晋国有才能的人大多数可都跑出来跟着他了，其中顶有名的有狐毛、狐偃、赵衰（cuī）等。这些人四处逃难，最后投靠了齐桓公，在齐国待了七年。

齐桓公死后不久，赵衰这一伙子人商量着说：

并无两点
（打一字）

"咱们到这儿来，原指望齐国能帮助咱们回到晋国去。没想到齐侯一死，新君没有一点儿霸主的味儿，咱们不如跟公子商量商量，到别国去吧！"可是公子重耳娶了夫人齐姜，成了大国的上门姑爷，日子过得舒服，可不想走。

哪知道齐姜也是个有胸怀的，她可不想拦着重耳去干大事业，就和赵衰、狐偃、魏犨（chóu）几个人一起灌醉了重耳，把他送上了马车。

他们走了五六十里，天渐渐亮了，重耳躺在车上翻个身，瞧见狐偃在旁边，就骂他："你干什么？"狐偃说："我们想把晋国献给公子。"重耳怒气冲冲地说："这回出来要是成功，也就算了；要是不成功，我准剥你的皮，吃你的肉！"狐偃说："要是不成功，我也不知道死在哪儿了。要是成功了，公子天天可以吃肉，我身上的肉，又臊又腥，不配您的胃口。"赵衰一批人都说："这是我们大家合计着办的，请别怪他了！"魏犨气呼呼地说："大丈夫也得做点儿事，老陪着女人干吗？"重耳只得改了语气,说:"已经到了这个地步,我依着诸位就是了。"

他们到了曹国,曹共公待他们挺不客气,只让他们过一宵,可不给他们吃的。曹国的大夫僖负羁(jī)回到家里跟他太太说,曹伯太没礼貌,还说跟着重耳的一帮人都很了不起。僖太太说:"晋公子有这么多的能人帮着他,他准能回国,将来很可能会做诸侯的头儿。到那时候,他要报仇的话,我看咱们曹国第一个逃不了,您不如早点儿跟晋公子结交结交,留个后步。"僖负羁就私下备了酒食,派个心腹送去,还在食盘里藏着一块白玉。重耳收了酒食,说:"要是我能够回国的话,一定报答大夫的情义。"说着却把那块白玉退回去,说什么也不收。僖负羁叹着气,说:"公子重耳正需要盘缠的时候,还不肯接受我的礼物,他的志向可不小哇!"

重耳离开曹国,到了宋国。宋襄公因为大腿上受了伤,正在那儿害病,一听见公子重耳来了,就派公孙固去迎接。宋襄公送他们每人一套车马，招待得特别周到，公子重耳非常感激。过了些日子，宋襄公的病还不见好转，狐偃私底下跟公孙固商量。公孙固说："公子要是愿意在这儿，我们是万分欢迎的。要是指望我们发兵护送公子回到晋国去，这时候敝国还没有这份力量。"狐偃说："您的话是实话，我们全明白。"

第二天他们离开了宋国，一路走去，到了郑国。郑文公认为重耳在外边流浪了这么些年还不能回国，一定是个没出息的人，因此理也不去理他。他们又恼又恨，可是不能发作，只好忍气吞声地往前走。没有几天的工夫，他们到了楚国。

楚成王可不同了，他把重耳当作贵宾，还用招待诸侯的礼节去招待他。俩人相处得挺好，就这么做了朋友。有一天，楚成王跟重耳开玩笑，问："公子要是回到晋国，将来怎么报答我呢？"重耳说："金银财宝贵国多着呢，我真想不出怎么来报答大王的恩典。"楚成王笑着说："不过多少总得报答一点儿呀!"重耳说:"要是托大王的福,我能够回到晋国去,我愿意跟贵国交好,让两国的老百姓都能过着太平的日子。可是万一发生战争,那我怎么敢跟大王对敌呢?那时候,我只能退避三舍,算是报答您的大恩。"别说,后来的城濮之战中,当上了晋文公的重耳还真就履行了退避三舍的承诺。

过了不久,秦穆公派人来了楚国。楚成王对重耳说:"秦伯派人到这儿来,请公子到那边去。他有心帮您回国,这真是个好消息。"

原来秦穆公立公子夷吾做了国君,自己没得到一点儿好处,反倒受了他的气。后来夷吾的儿子公子圉(yǔ)做了国君,干脆不跟秦国来往了。秦穆公后悔当初打错了主意,决定要立公子重耳做国君,把他从楚国接了来。

秦穆公和穆姬都很尊敬公子重耳,想把女儿怀嬴嫁给重耳,结成亲戚。赵衰、狐偃他们巴不得能够跟秦国交好,都劝公子重耳答应这门亲事。

> **小小文曲星**
>
> **两个人结婚为什么被称为结秦晋之好?**
>
> 春秋时期,秦国和晋国相邻,常有纷争。一开始,晋国是大国,秦穆公刚刚带领秦国崛起。为了向晋国表示友好,并且扩大自己在诸侯间的影响力,秦穆公向晋国求娶。晋献公就把自己的女儿穆姬嫁了过去,陪嫁的队伍里还有大名鼎鼎的百里奚呢!在此之后的几代,秦晋都保持着友好的联姻。秦穆公还帮助晋国的几任君主即位。后来,大家就用"秦晋之好"来形容两姓联姻了。

这么着,老头子重耳又做了新郎。

大家正在那儿吃喜酒的时候,狐毛、狐偃哭着来见重耳,要他去给他们报仇。原来公子圉即位以后,就下了一道命令,说:"凡是跟随重耳的人必须在三个月之内回来,改过自新;过了期限,全有死罪,父兄不叫他们回来的也有死罪。"狐毛、狐偃的父亲狐突就因为不肯叫他们回去,被杀了。重耳把这件事告诉了秦穆公,秦穆公决定发兵替女婿打进晋国去。

公元前636年,他们到了黄河,打算坐船。秦穆公分了一半兵马护送公子重耳过河,自己留下一半在黄河西岸作为接应。他对公子重耳说:"公子回到晋国,可别忘了我们夫妇俩呀!"说着流下眼泪来,重耳对他更是依依不舍。

上船的时候，那个管行李的壶叔，挺小心地把东西全弄到船上。他还忘不了以前饿肚子、煮野菜的情形，吃剩的凉饭、咸菜，穿过的旧衣裳、破鞋什么的，全舍不得扔下。重耳一瞧，哈哈大笑，对他说："你们也太小门小户的啦！现在我去做国君，要什么有什么，这些破破烂烂的还要它干吗？"说着就叫手下的人把这些东西全撇到岸上。狐偃一瞧，拿着秦穆公送给他的一块白玉，跪在重耳面前，说："如今公子过河，对岸就是晋国。内有大臣，外有秦国，我挺放心。我想留在这儿，做您的外臣。奉上这块白玉，表表我一点儿心意。"公子重耳愣了一愣，说："我全靠你帮助，才有今日。咱们吃了十九年的苦，现在回去，有福同享，你怎么说不去了呢？"狐偃说："从前公子在患难中，我多少有点儿用处。现在您回去做国君，自然另有一批新人使唤。我们就好比旧衣、破鞋，还带去做什么呢？"重耳毕竟是重耳，听了这话，脸红了，马上说："这全是我的不是！我可不是忘恩负义的人。我绝不会忘了你的功劳。我可以对天起誓！"说完了，吩咐壶叔再把破烂东西弄上船来。他们过了黄河，接连打下了几座城，勃鞮（dī）保护着公子围逃到别的国去了。晋国的大臣们迎接了公子重耳，立他为国君，就是晋文公。晋文公四十三岁逃往狄国，五十五岁到了齐国，六十一岁到了秦国，即位的时候已经六十二了。

君 · 汉字演变

| 甲骨文 | 金文 | 大篆 | 小篆 |

开
（猜谜答案）

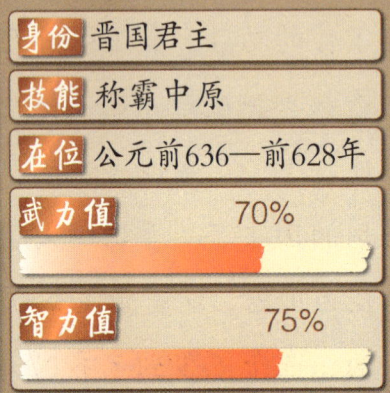

历史名片夹

六十二岁才当上国君的霸主

晋文公　姓名：姬重耳

身份	晋国君主
技能	称霸中原
在位	公元前636—前628年

武力值　70%

智力值　75%

　　晋文公年轻的时候就谦虚好学，广交贤才。六十二岁即位以后，他在很多贤臣的帮助下整顿晋国，放宽了农业政策，允许通商，让晋国渐渐强大起来。对外，他还帮助了宋国，收服了郑国，打败了曹国和卫国，最后成了"春秋五霸"之一。晋文公虚心纳谏，有一次，他出门猎鹿，鹿跑丢了，他问一位路过的老者有没有看见，老者用脚给晋文公指了一个方向。晋文公质问老者怎么这样不礼貌，老者说："虎豹离开了深山才被人猎到；鱼鳖离开了深水才被人捕到；诸侯离开了人民去郊游玩乐，就会亡国了！"晋文公听了很羞愧，虽然没有捕到鹿，但他仍然觉得受益匪浅，马上回了宫，专心理政。

用一张嘴说退了秦军的奇人
烛之武

公元前630年,晋文公联合了秦国要去攻打郑国。

晋国的军队到了郑国,秦穆公带着百里奚、孟明视和三个副将杞（qǐ）子、逢（páng）孙、杨孙也到了。晋国的兵马驻扎在西边,秦国的兵马驻扎在东边,声势十分浩大,吓得郑文公没有主意了。

大夫叔詹（zhān）说:"要是派一个有口才的人去劝告秦国退兵,单剩下晋国人就好办得多了。"郑文公说:"派谁去呢？"叔詹保举了烛之武,郑文公就叫人去请他来。

烛之武到了朝堂，大臣们一瞧，原来是个七老八十的老头子，身子弯得像一张弓，走起路来晃晃悠悠，简直像要栽倒似的。郑文公对烛之武说："我想请你去见秦伯，劝他退兵。老先生能辛苦一趟吗？"烛之武说："这怎么成呢！在我年富力强的时候都没能立半点儿功劳，如今说话都上气不接下气了，还有什么用？"郑文公赔不是，说："像你这么有能耐的人，我不能早点儿重用，是我的过错。可现在国难临头，我们急得一点儿主意都没有。还是请老先生勉为其难，为国家辛苦一趟吧！"烛之武一瞧他这么诚心诚意的，只好答应了。

当天晚上，几个壮小伙子请烛之武坐在筐子里，用绳子从东面把他吊下了城墙，让他一个人往秦营走。秦国人一瞧是个老头子，一只脚已经踩在坟边上了，也不去为难他，可是不许他到兵营里去，烛之武就赖在外头直哭。这一吵闹轰动了营里的人，秦穆公听到了，吩咐人把他带进来，

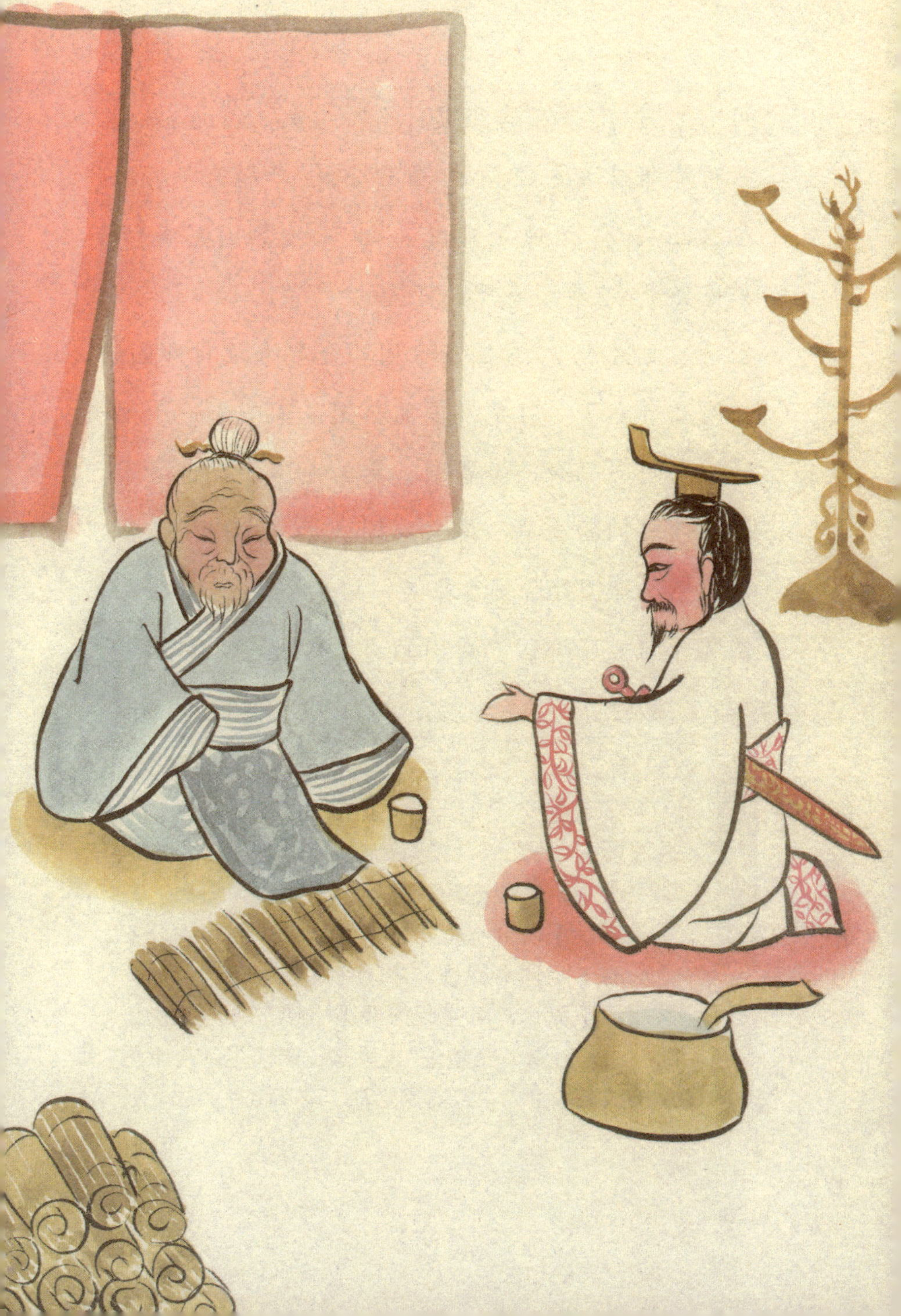

问他:"你没事在这儿哭什么?"烛之武说:"我哭的是郑国快要亡了!"秦穆公说:"那你也不该在这儿哭呀。"烛之武说:"我还替秦国哭呢!"秦穆公说:"秦国有什么可哭的?"

烛之武说:"贵国和晋国联合起来攻打郑国,郑国准得亡了。可是郑国离秦国差不多有一千里路,中间还隔着一个晋国,秦国也不能跳过晋国来占领我们的土地。那么郑国一亡,土地就全归晋国了。贵国和晋国本来是一般大,势均力敌的。要是晋国灭了郑国,晋国的力量可就要比秦国大

小小文曲星

为什么请客的人被称为"东道主"?

"东道主"一词出自《左传》中的《烛之武退秦师》。烛之武对秦穆公说:"若舍郑以为东道主,行李之往来,共其乏困,君亦无所害。"晋国与秦国联合围困郑国,烛之武说服秦穆公退军的一个理由就是,郑国在秦国的东边,如果郑国不灭亡,将会成为秦国出使东方时的供给站,也就是"东道主"。后来,东道主就用来指代宴客的主人,或者是活动、赛事的主办方。

半部春秋
（打一字）

得多了。

再说当初晋惠公夷吾买粮的事谁不知道。您对晋国可以说是大恩大德，晋国对您多少有点忘恩负义。这且不说，今天晋国向东边打，灭了郑国，明天也可以向西边去侵犯贵国。您知道从前虞国帮助了晋国，灭了虢国。晋国可用什么去报答虞国呢？晋国灭了虢国，顺手把虞国也灭了。像您这么英明，一定明白这点，我只是提一提罢了。"

秦穆公听了，细细地咂摸着烛之武的话，觉得挺对，不由得向他点了点头。烛之武接着说："要是贵国能答应我们讲和，敝国就脱离楚国，投降贵国。以后贵国要是在东边有什么事情，或是派人来往什么的，一切全由敝国来招待，敝国就做贵国的'东道主'，也算是您外边的仓库。"秦穆公答应了烛之武的要求，跟他"歃血为盟"，还派了杞子、逢孙、杨孙三位副将在北门外带着两千人马保护郑国，自己带着其余的兵马回去了。

晋国人一瞧秦国人不说什么就走了，都挺生气，狐偃主张追上去打他们。晋文公说："我要是没有秦伯帮忙，当初哪能够回国啊？"晋文公念着秦穆公的大恩就这么算了，只能自己对付郑国。

机智历史题

烛之武的身份是什么？（　　）

A. 郑国的大夫
B. 郑国的将军
C. 郑国的平民
D. 秦国的军师

汉字演变　曰

甲骨文　金文　大篆　小篆

秦
（猜谜答案）

历史名片夹

用一张嘴说退了秦军的奇人

身份	郑国大夫
技能	舌粲莲花
生卒	？
武力值	10%
智力值	85%

烛之武　姓名：烛之武

　　据说，烛之武在劝退秦军之前，是郑国一个七十多岁的养马官，虽然是三朝老臣，却从来没升过官。他心中虽有怨愤，却以年迈佝偻之躯，只身前往敌军军营，说服秦军退兵，其忠勇和机智可见一斑。后来，人们评价他为"五论救弱国，妙语退秦师"。

机智历史题 答案　　　A

用十二头牛阻止了战争的奇人
弦高

郑国的烛之武劝退了秦国大军,秦穆公本想着自己退了军,又留下几个将军帮郑国守城门,郑国该依附秦国才对。没想到,秦军前脚一走,郑国反倒投降了晋国,秦穆公听了,心里挺不痛快,就拜孟明视为大将,西乞术、白乙丙为副将,率领着三百辆兵车去攻打郑国。

秦国的军队在公元前628年十二月动身,路过晋国的崤山和周天王都城的北门。到了第二年二月里,才到了滑国地界。

前边有人拦住去路,说:"郑国的使臣求见!"前哨的士兵赶快通报孟明视。孟明视大吃一惊,

> **小小文曲星**
>
> **犒劳军队为什么要用牛?**
>
> 《淮南子》中说"牛羊曰犒"。在古代,慰劳军队一般用牛、羊和美酒。由于在古人看来,牛代表着勇猛,所以赏赐将士们牛肉,寓意他们作战时勇往直前,无所畏惧。后来,犒劳就引申为用美食或财物来嘉奖、慰劳有功之人。

叫人去接见郑国的使臣,还亲自问他:"你叫什么名字?到这儿来干什么?"那人说:"我叫弦高,我们的国君听到三位将军要到敝国来,赶快派我带上十二头肥牛,送给将军。这一点儿小意思可不能算是犒劳,不过给将士们吃一顿罢了。我们的国君说,敝国蒙贵国派人保护北门,我们不但非常感激,而且更加小心谨慎,不敢懈怠,将军您只管放心!"孟明视说:"我们不是到贵国去的,你们何必这么费心呢?"弦高似乎有点儿不信。孟明视就偷偷地对弦高说:"我们……我们是来攻打滑国的,你回去吧!"弦高交上肥牛,谢过孟明视,回去了。

孟明视下令攻打滑国，弄得西乞术和白乙丙莫名其妙，问他："这是什么意思？"孟明视对他们说："咱们偷着过了晋国的地界，离开本国差不多有一千里地了。原来打算郑国没有准备，猛一下子打进去，才有打胜仗的把握。现在郑国的使臣老远地来犒劳，这明明告诉咱们，他们已经做了准备。咱们是远道来的，最好快打。他们有

> 一个人
> 等日出
> （打一字）

了准备，用心把守，咱们又没有援军，哪儿成呢？倒不如趁着滑国没有防备，一下子就把它灭了，多带些财物回去，也可以回报主公做个交代，总算咱们没白跑一趟。"

没想到孟明视可上了弦高的大当，他这使臣原来是冒充的。他是郑国的一个牛贩子，这回赶了些牛，到洛阳去做买卖，半路上碰见一个从秦国回来的老乡。俩人随便一聊，那老乡说秦国要发兵去攻打郑国。这位牛贩子还真爱国，一听到这个消息，急得什么似的。他想：我们国家新君刚即位，一定不会有防备的。我既然知道了，多少得想个主意呀！他一方面派手下的人赶快回去通知国君，一方面赶着牛群迎上来。果然在滑国地界碰到了孟明视的军队。他就冒充使臣犒劳秦军，救了郑国。

郑穆公接到商人弦高的信，马上派人去探望秦穆公留下的大将杞子、逢孙、杨孙。果然，发现他们正在那儿整理兵器，收拾行李，好像打算出发的样儿。郑穆公派老大臣烛之武去对他们说："诸位将军在敝国可够累的了。孟明视的大队人马已经到了滑国，你们怎么不跟他们一块儿去呀？"杞子听了，大吃一惊，知道有人走漏了消息，只好厚着脸皮对付了几句，就连夜逃走了。

机智历史题

孟明视带着秦军去做什么？（　　）

A. 偷袭郑国

B. 攻打滑国

C. 打劫弦高的牛

D. 春游

汉字演变　▼ 牛

| 甲骨文 | 金文 | 大篆 | 小篆 |

但
（猜谜答案）

历史名片夹

用十二头牛阻止了战争的奇人

弦 高 姓名：弦高

身份	郑国商人
技能	急中生智
生卒	？
武力值	15%
智力值	60%

　　弦高是郑国的一位商人，经常往来各国做生意。他要去洛阳卖牛，经过滑国时正碰见秦国的军队。得知秦军要偷袭自己的祖国郑国，弦高临危不惧，急中生智，骗秦军自己是郑国君主派来犒劳秦军的，由此解救国家于危难之中，在历史上留下了自己的名字。

机智历史题 **答案**

A

被人误会成昏君的霸主
楚庄王

这个故事将诞生的成语 一鸣惊人

　　楚国在楚成王的时候已经做了南方诸侯的头儿，到了楚庄王这一辈儿，大臣们一而再、再而三地请他去争霸主。

　　楚庄王不听这一套，白天老出去打猎，晚上喝酒跟宫女们胡闹。什么国家大事，什么霸主不霸主，他全不放在心上。就这样胡闹了三年，大家伙儿把他当作昏君看待，哪知道他有他的心思。他早就认为楚国令尹的权力太大，现在的令尹斗越椒比以前的令尹势力更大。他还不知道楚国大臣当中谁有能耐，有胆量，可以重用。凭他怎么要强，光凭自己两只手也干不了大事啊。他索性

小小文曲星

楚成王为什么能称王？

在春秋时期，只有周天子可以称王。周天子根据亲疏关系或功劳大小给诸侯分封领地及爵位，诸侯的爵位从大到小依次是公、侯、伯、子、男。比如，宋国的国君是一等爵位，可称为公；齐国的国君是二等爵位，可称为侯。诸侯死后或在自己的国家里，可被敬称为公。按照周天子的分封，楚国的国君只是子爵。楚国地处边缘，常被中原诸侯称为蛮夷。后来楚国强大了起来，国君干脆不理会周天王，自己称王，还做了好多次挑衅周天子王权的事呢。

饮酒作乐，不问朝政。大臣当中也有几位劝过他的，可是他们的话，全是隔靴搔痒，不着实际，他连听都不爱听。后来他下了一道命令，挂在朝堂上，说："谁要敢再多嘴，就有死罪。"直吓得大臣们全不敢说话了。楚庄王大失所望，难道不怕死的大臣连一个都没有吗？他只好多喝几盅热酒，暖暖差不多快要凉了的心。

有一天，大夫申无畏来见楚庄王，楚庄王不等申无畏开口，就先问他："你是来喝酒的呢，

又进村来
（打一字）

还是听音乐来的？"说着右边的重眉毛向上一挑，眼角吊了上去，左边的那只眼睛又显得挺柔和，谁也摸不清这神气是可怕还是可亲。申无畏也弄不清他的心顺不顺，只好撞大运了。他回答说："有人叫我猜个谜儿，我猜不着。大王多才多艺，请您猜猜吧！"楚庄王说："什么？猜谜儿？倒怪有意思的。来吧！"申无畏说：

楚国山上，
有只大鸟，
身披五色，
真叫荣耀。
一停三年，
不飞不叫；
人人不知，
是什么鸟？

楚庄王笑着说："这可不是普通的鸟。三年不飞，一飞冲天；三年不鸣，一鸣惊人。你别急！"申无畏磕了个头，说："大王到底英明！"他就出去了。

　　申无畏一天一天地等着，可瞧不出那只大鸟有什么惊人的行动。他就和大夫苏从商量想再去劝劝国王。这回苏从去了，他跑到楚庄王面前哭起来了。楚庄王把脸往下一沉，嚷着说："你明知道我已经下了令，你还要来找死，可也太笨了。"苏从说："可是大王比我还笨呢！我至多给您杀了，死了还落个忠臣的美名，我还笨得有点价值。您呢！做了国王，光图眼前舒服，也不想想怎么管理朝政，怎么管理臣下，怎么号令诸侯，怎么安抚天下。人家那儿做霸主，您连自个儿的属国都管不住。您不是比我还笨吗？我的话说完了，请杀吧！"楚庄王站了起来，说："你说得对！只要你们肯干，我为什么要窝窝囊囊地闷在宫里呢！"

　　楚庄王就从那天起，亲手拉起国家的缰绳，一面改革政治，调整人事，叫楚国的大权不再集中在令尹手里；一面招兵买马，训练军队，打算跟晋国争争霸主的地位，全国上下都高兴起来了。

就在这一年，楚庄王征服了南边的许多部族。到了楚庄王第六年，楚国打败了宋国。第八年又打败了陆浑的戎族，楚庄王就在周朝的边界上阅兵示威。吓得周定王赶快派大臣王孙满去慰劳他。楚庄王来征伐陆浑的戎族，用意是在探察探察周室的情况。果然，他开门见山地问王孙满，说："听说洛阳的大鼎是三代传国之宝，请问这种宝鼎有多沉？"王孙满当时就挺严厉地驳斥他，说："周室继承统治，在德不在鼎。夏朝的桀王无道，宝鼎归了商朝；商朝的纣王暴虐，宝鼎归了周朝。君王得了天下，鼎就是小也重；君王失了天下，鼎就是大也轻。周室虽说衰弱，天命没改，鼎的轻重连问也不能问！"楚庄王听了这一番话，自己反倒觉得不好意思，就笑着说了句"哦，原来如此"，下了台阶。

楚庄王阅兵回来，到了半道上，前面有军队

拦住去路，要跟他作战。原来令尹斗越椒早就有了造反的心思。自从楚庄王分了他的权力，他更加生气，这回一瞧楚庄王率领大军去打陆浑，好比老虎离了山，斗越椒就发动了自己手底下的人马，占领了郢都，随手又发兵，想去消灭楚庄王。楚庄王假装退兵，暗地里把大军四下里埋伏好，只叫一队兵马去把斗越椒引过来。斗越椒过了一道河，接着去追赶楚庄王。等到斗越椒知道中了计，赶紧掉头，那河上的大桥早已拆去了，弄得他反倒丢了阵地。就瞧河那边有个大将喊着说："大将乐伯在此，斗越椒赶快投降吧！"斗越椒叫士兵们隔河射箭。

乐伯手底下有个小军官叫养由基，他大声地跟斗越椒说："这么宽的河，射箭有什么用？令尹您是个射箭的好手，咱们俩就走得近点儿，站在桥头上，一人三箭，赌个输赢。不来的不是好汉。"斗越椒说："要比箭，我先射。"养由基就叫他先动手。斗越椒的箭是百发百中的，他还怕一个小兵吗?他就使劲儿把箭射过去。养由基用自己的弓轻轻一拨,那支箭就掉在河里了。接着第二支箭又来了。他把身子一蹲,那支箭从他头顶上擦过去。斗越椒嚷着说:"不许蹲,不许蹲!"养由基说:"好!这回我就不蹲,您只有一箭了。"说完了就瞧见第三支箭又到了。养由基不慌不忙,把箭接在手里,说:"大丈夫说话当话,赖的不是好汉。"说着"嘣"的一声,斗越椒赶快向左边一躲。养由基笑着说:"别忙,我就拉拉弓,箭还在手里呢。"接着他又把弓拉了一下,斗越椒赶快又向右边一躲。养由基就在他向右边躲的那一下子,直射了一箭,那支箭正射中了斗越椒的脑门子。"树倒猢狲散",斗家的兵马逃的逃,投降的投降。

楚庄王灭了叛党,回到郢都,开了一个庆功会。大臣们和将士们直到晚上还没回去。楚庄王说:"我六年没喝酒了,也没听到钟鼓的声音。今天破个例,大家伙儿喝个痛快!"这时候天已

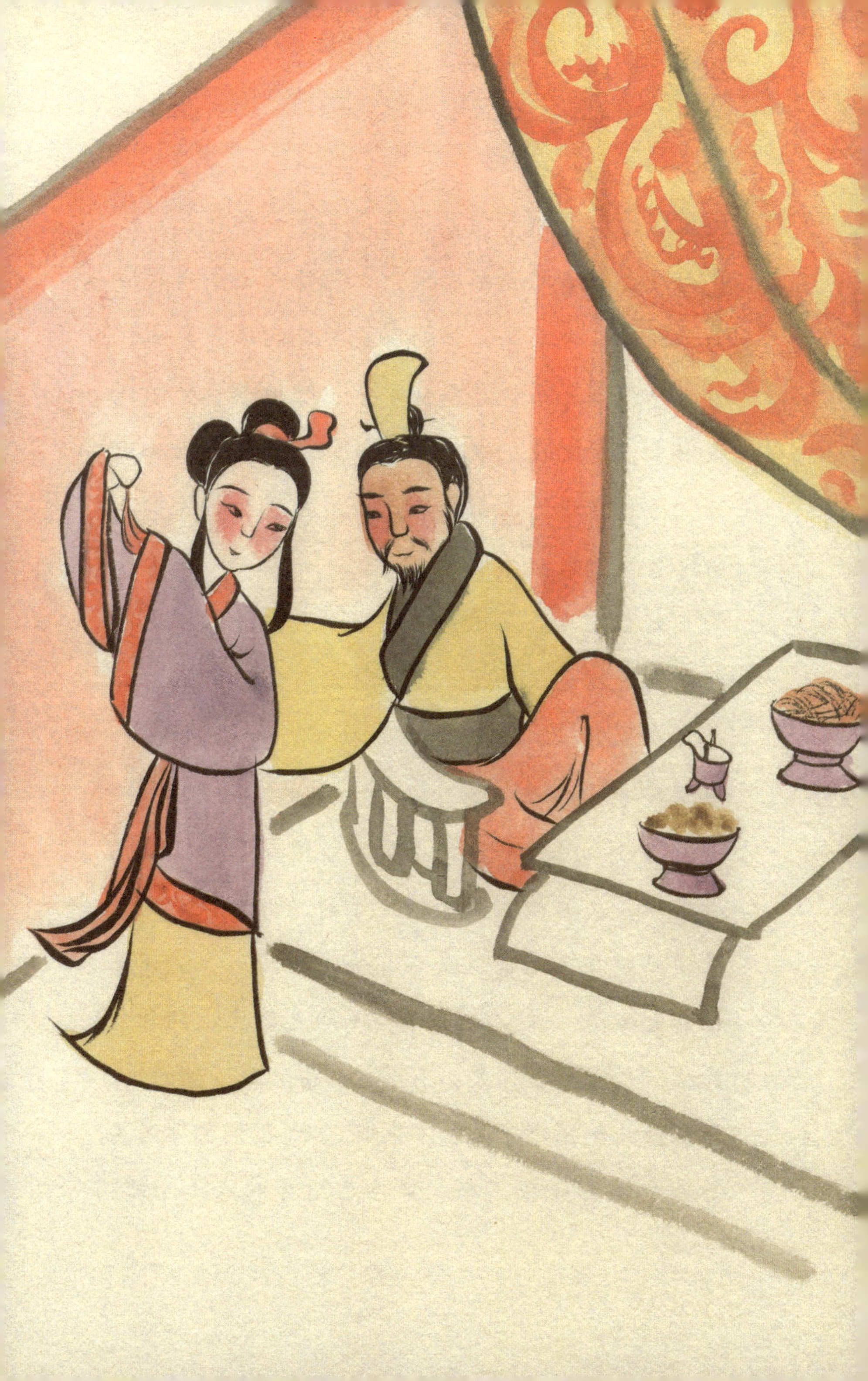

经黑了，外边刮着大风，像是要下雨的样儿。可是大厅上点着蜡，奏着乐，大家伙儿高高兴兴地喝着酒，有说有笑，热闹得把外边的风声全压住了。楚庄王不用说多痛快了，他叫他最喜爱的许姬出来，给大臣们敬酒。这位仙女似的许姬一出来，当时在场的人都鸦雀无声，粗鲁的将士们不由得老实起来。

大家伙儿正在出神的时候，忽然一阵狂风把大厅上的蜡全吹灭了。不知道谁趁着这一点儿工夫，在黑暗中，拉住许姬的袖子，去捏她的手。许姬顺手牵羊地把那个人帽子上的缨子揪下来，吓得那个人赶快撒手。这时候管蜡的人还没把火种拿来，大家伙儿静悄悄地等着。许姬拿着帽缨子摸到楚庄王跟前，咬着耳朵说了几句。楚庄王扯着大嗓门，说："蜡慢着点！今儿晚上咱们来个痛快，别再那么拘束，不用打扮得衣冠齐整的了。大家伙儿把帽缨子全摘下来吧。"大臣们都莫名其妙地把帽缨子摘下来。楚庄王这才叫人点上蜡，大家伙儿照样喝酒。到了儿,他和许姬始终不知道拉袖子的是谁。许姬不明白楚庄王的意思,散席以后,还有点儿怪他。楚庄王告诉她:"大家伙儿喝得全够样儿了,瞧见了你这美人儿,谁不动心?要是查出来办罪,反倒弄得全没趣儿了。"

这只一鸣惊人的大鸟,这一来更叫人佩服了。

机智历史题

以下哪种容器代表天子的地位?(　　)

A. 碗
B. 杯
C. 簋(guǐ)
D. 鼎

鸟　汉字演变

甲骨文　金文　大篆　小篆

树
（猜谜答案）

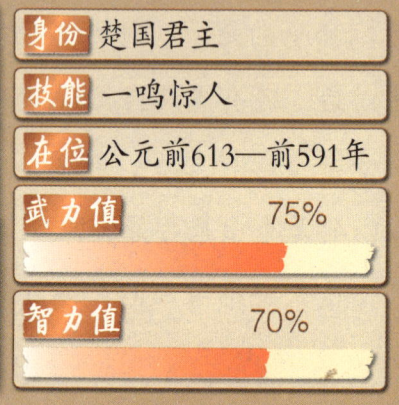

历史名片夹

被人误会成昏君的霸主

楚庄王 姓名：熊侣

身份	楚国君主
技能	一鸣惊人
在位	公元前613—前591年
武力值	75%
智力值	70%

　　楚庄王刚刚即位时，观望内外局势，表现得不太关心政事，甚至耽于享乐。传说楚庄王有一匹爱马，每天给它穿华丽的衣裳，吃蜜饯枣脯。后来，这匹马胖得病死了，楚庄王很伤心，决定用大夫的礼节来埋葬这匹马，大夫们听了都很生气。优孟听说了这件事，劝楚庄王如果这样喜欢一匹马，不如别用大夫的礼节埋葬它，直接用君王的礼节埋葬好了。楚庄王认识到了自己的错误，不再沉溺于享乐。楚庄王时期，楚国日渐强大，甚至列兵于东周都城洛阳的郊外，问周天子的鼎有多重。这说明他当时有与周天子一较高下的野心壮志。

机智历史题 答案 D

到死都让君王惦记的令尹
孙叔敖

楚国有一位隐士,住在梦泽,姓蒍(wěi)名敖,字孙叔,人家都管他叫孙叔敖。

他小时候,听见人说,有一种两头蛇,谁遇见了准活不了。有一天,他哭着回来,跟他妈说:"妈!我活不了啦!"他妈问他:"你怎么了?"他说:"我真碰见两头蛇了!""哪儿?蛇呢?"他说:"我想这种害人的东西,别人见了也得死,我就拿锄头把它砸死,埋了。"他妈说:"好孩子,你别怕!蛇没咬着你,你怎么会死呢?再说,像你这么好心眼儿的孩子更死不了。"

后来,楚庄王四处搜罗人才,让孙叔敖做了

十个哥哥
（打一字）

令尹。他着手改革制度，整顿军队，开垦荒地，挖掘河道。为了免除水灾、旱灾，孙叔敖召集了楚国所有的水工，测量地形，开始兴办楚国最巨大的一项工程芍陂（què bēi）。他发动了几十万民工，天天挖土，挑土，砌堤，自己也经常到工地去鼓励人们。克服了种种困难，终于把芍陂修成了。这一条河道不但让雨季的急流缓和下来，而且平时还能灌溉一百多万亩的庄稼，每年多打不少粮食，老百姓没有不说令尹好的。没有几年工夫，楚国更加富强了。

孙叔敖为楚国干成了不少大事，十分得楚庄王仰仗，直到有一年，孙叔敖在邲（bì）城打败了晋国，回来就得了重病。临死的时候，他嘱咐儿子孙安说："我已经写好了奏章，你帮我递上去。我死之后，你还是回到乡下去种地吧。千万可别再做官，也别受封。万一大王要封给你一块地的话，你就请求他把那块没有人要的寝丘封给你。"他说完了，就咽了气了。孙安把他父亲的奏章递上去。楚庄王一看，上面写的大意是：

承蒙大王提拔，像我这样一个乡下种地的人居然当了令尹。可惜我没有多大的功劳来报答大王的恩典。现在我能够在大王的保护之下死去，真是非常荣幸。我只有一个儿子，可是他的才学太差，不配在朝廷上伺候大王，请求大王让他回到乡下去。晋国是中原诸侯的盟主，这回虽然打了败仗，大王可别小瞧。连年的兵荒马乱，闹得老百姓难过日子。大王要爱护他们，让他们能够过太平的日子。临死忠言，请大王鉴察！

楚庄王看完了奏章，流着眼泪，说："孙叔敖至死不忘国家，真是难得。只是我没有那么大的洪福，老天爷把我的帮手夺了去。唉，多么可惜呀，多么可惜呀！"他就上孙叔敖家去，哭了一场。随从的大臣没有一个不掉眼泪的。

楚庄王好几天吃不下饭去，也不爱说话，好

几回一个人背地里叨念着孙叔敖，简直像掉了魂似的。他打算拜孙安为大夫，孙安一个劲儿地推辞，非要回老家去不可。楚庄王没法儿，只好随他去了。

孙安回到了乡下，就靠种地过日子。他也不去看望当官儿的，当官儿的也不去过问他。他变成了一个地地道道的庄稼汉，好像他父亲从没做过大官似的。

有一天，孙安正打柴回家，碰见了优孟。这个优孟，是在楚庄王跟前唱歌、说笑话的一个小丑，专给国王解闷的。那天他瞧见孙安穿着一身破衣裳，简直像个要饭的，就问孙安："你怎么混到这步田地？真的自个儿动手干活吗？"孙安说："先父虽说当了几年令尹，但家里一点儿东西也没留下。如今他去世了，我要不这么干力气活儿怎么活呀？"优孟叹息了半天走了。他一面想起了孙叔敖，一面替孙安不服气，就做了一身像孙叔敖活着时候常穿着的衣帽，自己穿戴起来，天天在家里学孙叔敖的举动和说话的声音，居然让他学得一模一样。

有一天，宫里摆席请客，楚庄王老是皱着眉头，没精打采的。大家伙儿想叫他散散心，就叫优孟唱歌，说说笑话。优孟嬉皮笑脸地说："今儿个我有个新鲜玩意儿，献给大王瞧瞧。"说着，他就退下去，赶紧打扮起来。另外他又找了个帮手，打扮成跟楚庄王一样，叫他先上台去。那个扮楚庄王的人就在台上演开了，做出想念孙叔敖的样子，叹着气，说："孙叔敖，你至死不忘国家，真是难得！只是我没有那份

小小文曲星

中国历史上有哪些治水名人？

在古代，中原地区的洪水泛滥是影响民生的重大灾害，所以治水名人总是被后世敬仰。大禹是中国最早的治洪领袖，他用疏通代替堵截治理好了黄河。孙叔敖是最早建造引河水灌溉良田工程的水利家。类似的治水名人还有战国时期建造了都江堰的李冰，东汉时期让黄河安澜800年的王景，北宋时的范仲淹、王安石等。

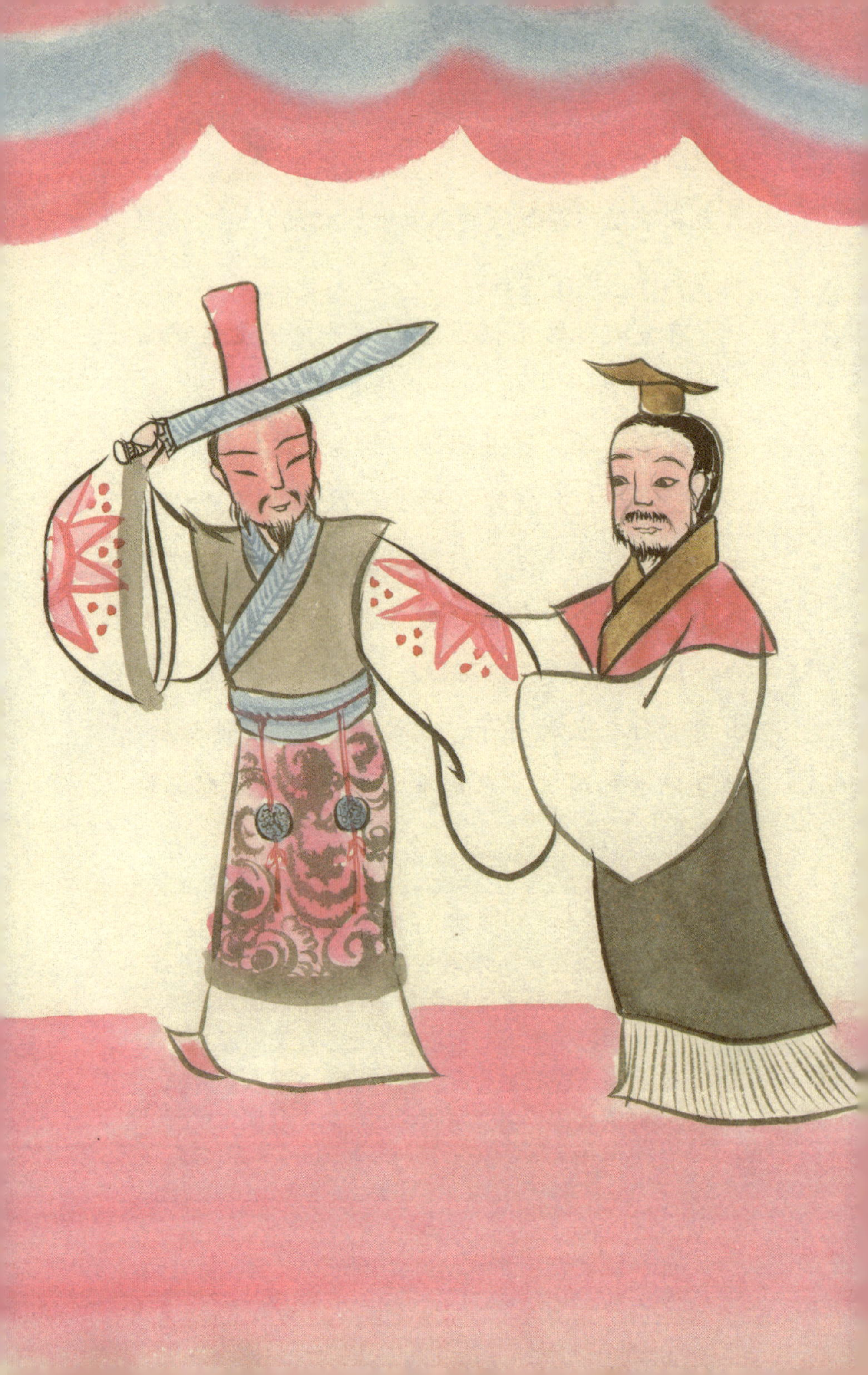

儿洪福，老天爷夺去了我的帮手！唉，多么可惜呀，多么可惜呀！"

楚庄王一听，心里像有刀子挖似的，眼泪跟着就掉下来了。台上的楚庄王又说："孙叔敖，我想你想得厉害呀，你能叫我再瞧见你一回吗？"话刚说完，优孟扮着孙叔敖出来了。他刚走了几步，楚庄王就疯了似的跑上台去，说："你没死吗？可把我想坏了！"他揪着优孟的袖子不撒手。优孟说："您别弄错了，我是假的！"楚庄王这才明白过来了，说："不管你是真是假，我就拜你为大夫。"优孟说："不干！我要当就当个赃官！"楚庄王觉得奇怪，问他是什么意思。优孟说："请大王听我唱一个歌，您就明白了。"他脱下了孙叔敖的衣裳，唱起来：

贪官污吏多么荣耀！
子孙不愁穷，
有的是民脂和民膏；

公而忘私就糟糕，
你只看——
楚国令尹孙叔敖，
苦了一生，
身后萧条；
子孙尤其苦，
没着没落没依靠；
劝你不必做清官，
还是贪官污吏好！

楚庄王听完了这首歌，心里非常难受，他没想到孙安会苦得过不了日子，立刻打发优孟去找孙安。孙安跟着优孟来见楚庄王，楚庄王瞧见他一身破衣裳，两只烂草鞋，不由得鼻子一酸，问他："你怎么混到这个样子？"优孟替他说："不这么着，怎么能瞧出孙叔令尹的公而忘私呢？"

楚庄王想叫孙安做官，孙安说什么也不答应，说："大王要是看在先父面上，非要给我一些奖赏的话，就请把寝丘赏给我吧。"楚庄王说："寝丘？这块不起眼的地要它干什么？"孙安说："这是当初先父临死时的意思，别的地方说什么也不敢要。"楚庄王只好答应了他，把寝丘封给孙安。

就因为这块薄沙地谁也不想要，孙叔敖的子孙才得以辈辈掌管着。

机智历史题

楚庄王念念不忘的令尹是谁？（　　）

A. 孙叔熬

B. 公孙敖

C. 孙叔敖

D. 孙叔傲

戏　汉字演变

金文　　大篆　　小篆

克
（猜谜答案）

历史名片夹

到死都让君王惦记的令尹

孙叔敖　姓名：孙叔敖

身份	楚国令尹
技能	进退有度
生卒	公元前630—前593年
武力值	55%
智力值	86%

　　孙叔敖原本姓芉，他的父亲芉贾是楚国的大司马，后来被人所害，孙叔敖便跟随母亲逃难。在做楚国的令尹之前，孙叔敖曾经带领百姓治理泛滥的洪水，引水灌溉农田，造福了百姓。成为令尹之后，孙叔敖协助楚庄王治理国家，对百姓减轻刑罚，发展经济，称霸南方，击败强大的晋国，辅佐楚庄王成为"春秋五霸"之一。孙叔敖建立了卓越的功勋，却坚决不受封赏，他积劳成疾，三十多岁就去世了。他去世后，家里没有积蓄，连棺材都没有。他的品德、廉洁被后世敬仰。

机智历史题　答案

C

举贤不避亲仇的武将
祁奚

> 祁奚之举 大公无私
> 这个故事将诞生的成语

晋悼公那会儿，晋国有一个中军尉叫祁奚，是个七十多岁的老大爷。

他看到晋国的军队强大了，自己又这么老了，就向晋悼公提出告老还乡。晋悼公同意了，但又问他："谁接替您最合适呢？"祁奚说："要依我说呀，解狐最合适。"晋悼公好像吓了一跳似的说："哦？听说解狐跟您有仇恨，您怎么反倒推荐他？"祁奚说："主公问我谁最合适，可没问我谁是我的仇人。"晋悼公点了点头，就下了命令，召解狐上朝。

没想到解狐害着病，还没拜官就死了。晋悼

重点支援大西北
（打一字）

公叹息了一会儿，又问祁奚："解狐以外，还有谁最合适？"祁奚说："除了解狐，要数午儿了。"晋悼公张大了嘴巴睁圆了眼睛，挺纳闷地说："祁

午不是您的儿子吗?"祁奚说:"是呀,主公问我谁最合适,又没问我谁是我的儿子。"晋悼公从心坎里称赞祁奚,就拜祁午为中军尉。

刚巧中军尉的副手羊舌职死了。晋悼公又对祁奚说:"您再推荐一个副手吧。"祁奚说:"羊舌大夫的儿子就很不错。"晋悼公就叫羊舌赤做祁午的副手。

大臣们全都很钦佩祁老先生,说他推荐仇人不是为了奉承,推荐自己的儿子不是为了自私,推荐自己手下的人不是为了拉拢私人,像他这样的大臣真可称为大公无私了。

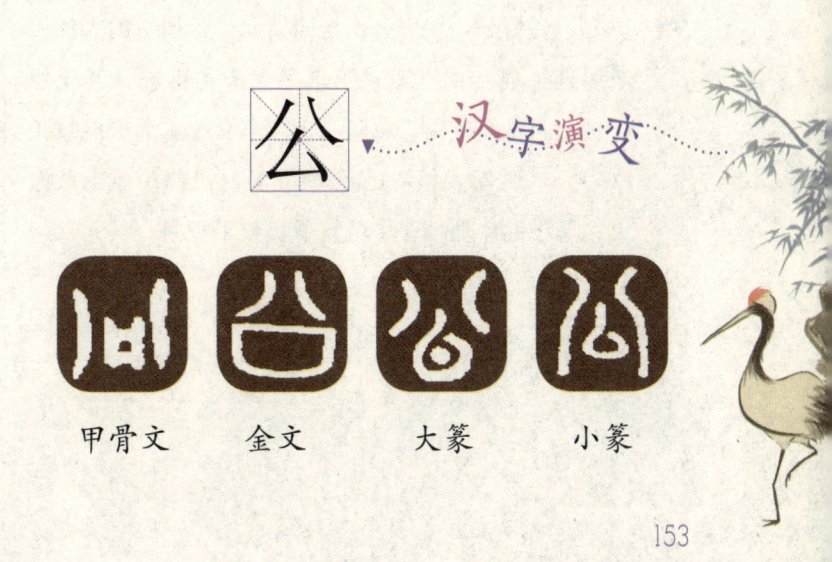

公 汉字演变

| 甲骨文 | 金文 | 大篆 | 小篆 |

头
（猜谜答案）

历史名片夹

举贤不避亲仇的武将

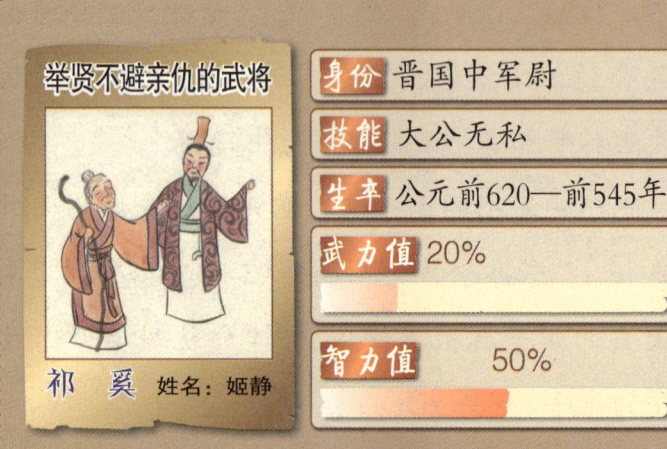

祁奚　姓名：姬静

身份	晋国中军尉
技能	大公无私
生卒	公元前620—前545年
武力值	20%
智力值	50%

　　祁奚本姓为姬，和晋国君王为同宗，但是政治生涯比较平淡，没做过什么大官。这跟晋国国君有意压制贵族的权势有关。祁奚虽然为官不太得志，但大公无私的品格一向为人所称道。他侍奉过晋景公、晋厉公、晋悼公、晋平公，是四朝元老，朝中的人都很敬佩他。有一回，范宣子杀了大夫羊舌虎，又让他哥哥叔向坐了监狱。叔向说："只有祁奚大夫能救我呀！"这时候，祁奚已经69岁了，但他还是挺身而出，义正词严地批评了范宣子，救了叔向。其无私与威信可见一斑。

阅读竞技场

在林汉达爷爷的带领下，勇敢的少年们穿越到了遥远的春秋战国时代。可是，穿梭机突然故障，引发了历史时空秩序的混乱。小勇士们，快快出发！维护时空和平就靠你们了！

记忆碎片

少年们的到来，使部分平行时空出现叠加。历史人物们的记忆受到影响，忘记了彼此之间的关系。动起手来，把人物关系填入括号，帮他们找回失去的记忆吧！

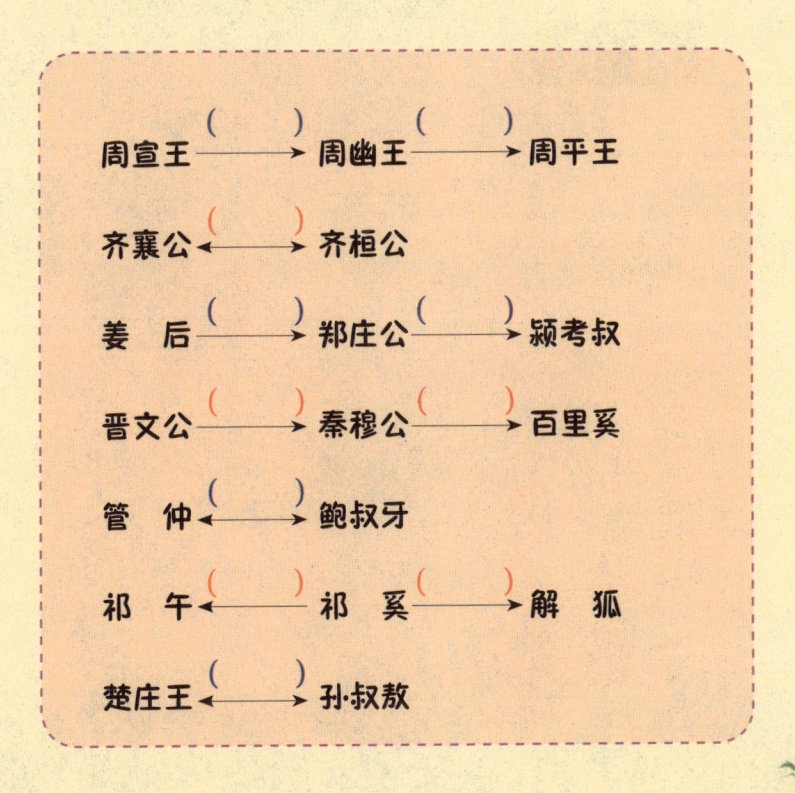

周宣王——（　）→周幽王——（　）→周平王

齐襄公←——（　）——→齐桓公

姜　后——（　）→郑庄公——（　）→颍考叔

晋文公——（　）→秦穆公——（　）→百里奚

管　仲←——（　）——→鲍叔牙

祁　午←——（　）——→祁　奚——（　）→解　狐

楚庄王←——（　）——→孙叔敖

求职之路

秦国的相国百里奚在当上大官之前曾在许多国家求职。穿梭机的故障让多个时空叠加，百里奚的求职之路出现了偏差。可是，一旦百里奚走错顺序，历史将会发生改变。小勇士们，动笔连线，帮百里奚找到正确的求职之路吧！

虞国

楚国

秦国

晋国

齐国

重耳钓鱼

有一天,重耳、狐毛和赵衰到河边钓鱼吃。忽然一阵风吹来,他们的鱼全都褪了色,与此同时,他们都变成了和你一样的小学生模样!小勇士们,只有按照他们说的话,把鱼重新涂上颜色,他们才能变回原样的模样,快去帮助他们吧!

- 我钓的是7条大粉鱼 —— 重耳
- 我钓的是9条小黄鱼 —— 狐毛
- 我钓的是8条中蓝鱼 —— 赵衰

扭转乾坤

下面的大池子中漂浮着很多成语,时空危机导致它们全部被打乱了,成语们等着一位勇敢的少年来解救,这个人是你吗?要用行动来证明哦!请你把正确的成语圈出来。

中	管	百	一	到	幼	途	小
窥	鲍	里	是	爱	字	识	人
莫	分	衷	挑	尊	老	马	枥
豹	金	玉	其	骥	自	伏	然
一	鸣	惊	人	舍	弃	若	唇
心	一	疑	潮	三	言	两	亡
惑	问	心	无	避	蔽	寒	齿
鼎	鼎	中	夹	退	足	亡	满
履	枪	舌	万	心	语	千	寒

成语寻踪

相信在上一个关卡中,你已经成功地找回了错乱的成语,现在需要你继续把下面的成语与相应的故事和历史人物连起来,这样成语们就可以回到正确的时空隧道中了。它们的命运掌握在你的手中,加油,胜利就在前方。

退避三舍	郑国派兵攻打许国,几位大将争军功。	楚庄王
老马识途	从前有位国君,刚即位时不做正事,三年后带领国家走向富强。	百里奚
唇亡齿寒	公子重耳逃难到楚国,向楚王许下诺言。	周幽王
暗箭伤人	齐桓公带兵攻打孤竹国,经过沙漠迷路了。	颍考叔
千金买笑	晋国要攻打虢国,向虢国的邻居虞国借道。	晋文公
一鸣惊人	为了取悦妃子,天子点起烽火,戏弄诸侯。	管 仲

阅读竞技场参考答案

记忆碎片

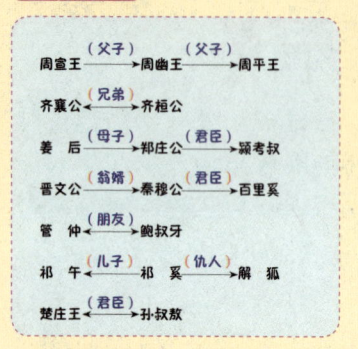

周宣王 —(父子)→ 周幽王 —(父子)→ 周平王
齐襄公 ←(兄弟)→ 齐桓公
姜后 —(母子)→ 郑庄公 —(君臣)→ 颍考叔
晋文公 —(翁婿)→ 秦穆公 —(君臣)→ 百里奚
管 仲 ←(朋友)→ 鲍叔牙
祁 午 ←(儿子)— 祁 奚 —(仇人)→ 解 狐
楚庄王 ←(君臣)→ 孙叔敖

求职之路

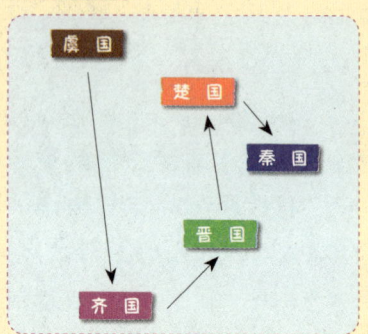

虞国 → 楚国 → 秦国
↓
齐国 → 晋国 ↑

重耳钓鱼

扭转乾坤

中 **管** 百 一 到 幼 途 小
窥 **鲍** 里 是 爱 字 识 人
莫 **分** 衷 挑 尊 **老 马** 枥
豹 **金** 玉 其 骥 自 伏 然
一 鸣 惊 人 舍 弃 若 **唇**
心 一 疑 潮 三 言 两 **亡**
惑 问 心 无 **避** 蔽 **寒 齿**
鼎 鼎 中 夹 **退** 足 寒 满
履 枪 舌 万 心 语 千 寒

成语寻踪

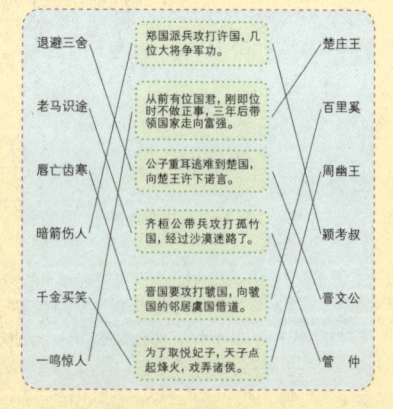

退避三舍 —— 晋要攻打虢国，向虢国的邻居虞国借道。 —— 晋文公
老马识途 —— 齐桓公带兵攻打孤竹国，经过沙漠迷路了。 —— 管 仲
唇亡齿寒 —— 从前有位国君，刚即位时不务正事，三年后带领国家走向富强。 —— 楚庄王
暗箭伤人 —— 郑国派兵攻打许国，几位大将争军功。 —— 颍考叔
千金买笑 —— 公子重耳逃难到楚国，向楚王许下诺言。 —— 百里奚
一鸣惊人 —— 为了取悦妃子，天子点起烽火，戏弄诸侯。 —— 周幽王